ある金融マンの回顧

拓銀破綻と営業譲渡

高向　巖
TAKAMUKI Iwao

北海道新聞社

はじめに

バブル経済から三十年、北海道拓殖銀行の破綻から二十年が経過した。いまやあの時代の記憶は風化しつつある。拓銀破綻を知らない人たちも増えている。

確かに、拓銀破綻は過去の出来事である。しかし、現在に通ずる教訓も残している。私はバブル期に日本銀行札幌支店長を務めた。バブル崩壊、拓銀破綻以降は北洋銀行の副頭取、頭取として金融混乱の渦中に身を置いた。

最近、私はその頃の体験を今の若い人たちに書き残したい、いや、残さねばならない、と思うようになった。

この回顧録の中で私は、バブル経済とは何だったのか、拓銀の破綻をどう見ていたか、北洋銀行はどう行動したのか、などの点を振り返ってみることとする。それは、私たちの世代の失敗を次の世代が繰り返さないように、と願うからである。

この回顧録は、北海道の若い企業人、金融人に捧げたいと思う。

ある金融マンの回顧　拓銀破綻と営業譲渡

目次

第3章　拓銀の破綻

第4章　営業譲渡に向けて

第5章　新しい北洋銀行

第１章　バブルの形成

日銀札幌支店長に就任

一九八七年五月、私は日銀の札幌支店長に就任した。そして、図らずもその立場で北海道のバブル期を経験することとなった。

のちにバブル経済の崩壊で北海道拓殖銀行（以下、拓銀）が経営破綻し、その受け皿となった北洋銀行（以下、北洋）で私が引継作業の責任者になるとは、当時の私には思いもよらぬことであった。

日銀は、一般的に、①日銀券を発行する銀行、②銀行の銀行、③政府の銀行という具合に説明するが、業務の形態は銀行であり、おカネの出し入れやその計理を正確かつ迅速に行うことが求められる。

もうひとつの大事な仕事は、管轄地域内の景気動向の調査や、地元への金融経済情報提供である。札幌支店は当時約百人の職員を抱え、さらに道内には、函館、小樽、釧路の三つの「小支店」があり、また旭川、帯広に「事務所」があった。私は論語に出てくる「四方に使いして君命を辱めず」という言葉を念頭に、日銀の使命をしっかり果たしたいと意気込んで着任した。

日銀支店長として札幌に赴任した頃、国内景気は一九八五年のプラザ合意後の調整局面を脱しつつあった。

プラザ合意というのは、一九八五年九月、ニューヨークのプラザホテルで行われた先進5カ国（G5）の蔵相・中央銀行総裁会議での合意事項である。その合意内容は、「10％程度の米ドル切り下げ（他通貨切り上げ）のために協力して介入をする」という趣旨であった。

米国が輸入急増に悲鳴を上げ、ドル高政策からドル安政策に転換したのであった。米国は、他の国の為替切り上げをもって、自国の国内産業保護と国際収支改善を図ろうと圧力をかけてきたわけだ。

それに対して、日本は為替切り上げを受け入れたが、為替調整の勢いにはずみがつき、円高不況の懸念が強まった。宮沢喜一蔵相は米国と交渉し、一九八七年二月に為替相場の安定を目指すルーブル合意を成立させた。

ただ、見返りに金利引下げを執拗に要求され、協調利下げに追い込まれていった。私が札幌に赴任した一九八七年五月、円相場はプラザ合意時の二百四十円レベルから百五十円レベルにまで切り上がっていた。公定歩合は5％から2・5％まで引き下げられていた。

振り返ってみれば、景気はすでに一九八六年末には上向いていた。私は、着任早々ではあったが、一九八七年六月に地元の経済担当記者らを前にした定例記者会見で「道内景気上向き宣言」を発表した。また、一九八八年二月には「道内景気拡大宣言」を発表した。私は、これによって一部に残る景気不安を払拭し、新しい局面に入ったことの周知を図ろうとしたのであった。

日銀は三カ月に一回、全国支店長会議を開催し、本支店間で情報交換を行っている。その支店長会議で私がどのような報告をしていたかを以下抜粋して紹介し、当時、道内の景気情勢がどんなであったかを振り返ってみたいと思う。

〈一九八七年七月〉……「管内の景気は春まで横ばい基調だったが、ここに来て上向きの気配が強く感じられる」「国の大型補正予算の成立に伴い全般的なビジネスセンチメントが改善している。民間住宅建設も大幅に伸びている、また観光客の入り込みも前年比一割くらい伸びている」

〈一九八八年七月〉……「サラブレッドの産地、日高では、常連の医師、弁護士のほかに、不動産・建設関連企業のオーナーも加わって、カネに任せて積極的にウマを買っており、競り値が大きくつり上がっている」「地元金融機関の融資姿勢は積極的であり、道内の中堅中小企業向け長期貸出について、都銀の出先との間で競争が激化している」

〈一九八八年十月〉……「景気は引き続き順調な拡大を示している。公共工事や住宅投資の増勢が一巡したが、個人消費と民間設備投資が予想以上に好調で、好況感は一段と強くなった。個人消費では高級車の売れ行きが好調であり、ルイ・ヴィトン、シャネルなどの高級ブランドが飛ぶように売れている。

観光面では、入り込みが前年を一割方上回り、道央・道南のホテル・旅館の予約は満杯になっている。民間設備投資は既往最高の伸びであり、卸小売、ホテル・旅館、ゴルフ場、リース業に加え、食品加工、電子部品など、かなり広い分野で積極投資が目立っている。

雇用は、建設、卸小売、サービスなどの求人が増加し、首都圏への労働力流出が続いている。タクシー運転手がダンプカー運転手として引き抜かれるとか、パート女性の募集対象年齢上限が引き上げられている、という話を聞く」

「北海道内の金融機関は、預金が前年比9％増、貸出が同じく7％増、と伸びている」「拓

本道経済ズバリ「晴れ」

日銀札幌支店長
高向 巌

休日増で観光に期待
崩れぬゆとりの消費

本道経済の今年の見通しは、ひと口に言って「晴れ」とみている。日銀札幌支店は、一昨年七月に景気の回復局面、昨年二月からは拡大局面に入ったと判断しているが、三年目もなお大型好況の勢いはいい。道内銀行三行が今年の道内総生産の成長率を三%台と予測、堅調な見通しを持っているのは、全く同感。むしろ、それを上回るかもしれない。

景気のけん引力となるのは、個人消費、設備投資、道外移出の三つ。個人消費を見ると、単に景気が良くなって所得が増え、モノを買うばかりでなく、消費パターンが変わって来た。つまり「生活ゆとり志向」で高級品を買うパターンが出て来ており、すぐには崩れない。

設備投資は、割と小規模なものもたくさん出て来る。卸小売りとか、運輸、倉庫、ホテル、観光でも着実に増え、これもすぐに腰折れすることはないだろう。道外移出は、本州の景気が非常に好調なので、農水産物、製造業への下請け発注、観光など引き続き期待できる。官公庁、金融機関をはじめとして土曜日の休日が増えるのも、本道の観光には追い風になる。

この好調で、道内企業は増収となり、道民所得も増える。円高効果による物価安定のメリットも大きい。道内は地価が落ち着いているので、住宅建設にも有利だ。

これだけ楽観視するのは、環境がいいからだ。世界経済は、OECD(経済協力開発機構)によると今年三・二五%の成長率を達成し、順調に拡大する見通しだ。一方、日本経済については、四・五%を見込んでいる。国内金融機関の見通しに比べると高めで、外から見ても好調といえる。

一方、本道自体では、道外に対して比較優位性を持つ食品加工、観光、ソフト関連は、時流に合っているので大いに伸びる。官民挙げて努力しているリニアモーターカー(磁気浮上式超高速鉄道)、エアカーゴ基地、ハイメックス(国際高度医療・産業複合都市)の大型プロジェクトが実現に向けて一歩一歩進んでいる。

今こそ急げ構造転換の努力
迫る農産物自由化に備えを

この好況の中で考えなければならない問題もある。第一点は、構造不況の業種、地域。「晴れ」の今こそ、「雨」の日に備え、構造転換の努力が必要だ。次に、今年も人手不足が強まると思う。本州からの求人も増えるだろうから、職種、年齢の不整合も含め、どう対応するか考えなければならない。長い目でみれば、本道経済を支える人材の誘致も必要だ。第三に、円高のデメリット。国内の企業が海外進出し、企業誘致がやりにくくなる。輸入品と競合する製造業者は苦しい。海外旅行に観光客を奪われ、農産物の輸入自由化圧力が強まる可能性がある。これらの対策が必要となるだろう。

1989年1月1日
北海道新聞朝刊

衰えない道内のゴルフ場開発ラッシュ。（1990 年撮影）

銀が北海道回帰の姿勢を強めているほか、道銀、北洋は中小企業、零細企業に貸出攻勢をかけている」

〈一九八九年一月〉……「景気は引き続き緩やかな拡大傾向を続けている。個人消費と設備投資が順調であるほかに、本州の好況を受けて、移出の項目が大きく伸びている」「小売は、ボーナスが高水準であったほか、高級品志向、生活ゆとり志向の強まりもあって好調である。設備投資は、小売店舗、物流センター、ホテル、リゾート、ゴルフ場などの建設が盛んである。労働需給も引き締まってきており、人手不足が目立っている」

〈一九八九年四月〉……「景気は拡大軌道の上を走っており、景況感はさらに強まっている」「観光レジャー関係と小売卸売関係の設備投資が盛り上がっている。ゴルフ場建設が目立っている」「札幌市商業地域の地価はここ二年間で六割方高騰している。札幌周辺のゴルフ場会員権価格も、過去二年間で約三倍になった」

この支店長会議での報告で分かるとおり、私が日銀札幌支店長として勤務していた時期は間違いなくバブルの上り坂であった。

あちこちでバブル景気を象徴するような開発プロジェクトが進んでいた。札幌市内では地上げと、マンションやオフィスビルの建設、郊外ではゴルフ場とリゾートホテルの建設ラッシュであった。

仙台の関兵精麦グループが経営するトマムリゾートにも行ったが、大変な賑わいであった。ヤマハグループのキロロリゾートはまだ予定地の段階であった。世の中の熱狂的雰囲気は大変なもので、不動産の値上がり、各種レジャー施設の繁栄が永遠に続くと思わせるユーフォリアであった。

夜の街の賑わいと安全さは観光都市・札幌の売りものであった。この頃は料亭、小料理屋、キャバレー、クラブ、スナックいずれも大繁盛で、料亭で会食し、スナックでカラオケを歌うのが定番であった。マハラジャというディスコ・クラブも、プレイボーイというバニーガールのクラブも熱気ムンムンであった。

バブル形成期も最終段階になると、製品需給、労働需給が引き締まり、マネーサプライが高い水準となったために警戒感はあった。しかし、物価は落ち着いていた。日銀は利上げのきっかけがなかなかつかめなかった。

一九八九年五月、日銀の澄田智総裁が札幌へ定例の地方視察に来た。東京から大勢の記者が付いて来て、公定歩合への言及があるかどうか注目をしていた。

澄田総裁は、横路孝弘知事、鈴木茂拓銀会長ほか、地元代表者と昼食をともにし懇談した。澄田総裁の卓話は歯切れが悪かった。私は支店長として常に傍らに付いていたが、総裁がときどき本店との間で電話連絡をしているのを見て、状況は切迫しているなと感じた。

せめてもの休息をと思い、秘書役と相談して、帰りの新千歳空港への経路を支笏湖の丸駒温泉回りとし、入浴と昼食をセットした。すると、そこに、新聞記者の張り込みがあった。これにはびっくりした。市内から尾行されないよう現地支店長として十分注意したつもりであったが、誰かがコースをリークしたのであろう。

私はこのあと札幌支店長の任務を終え、東京に戻ることになった。日銀の政策転換を広く道内に知らせ、銀行と企業が経営を抑制方向に転換するよう勧める仕事は、次の支店長への引継事項になった。

今になってあの頃の議論を振り返ると、ある日銀の幹部が「ストックの値上がりがフローの値上がりにこぼれる直前で刺激を止めるのだ」と言っていたことを思い出す。金融政策はあくまでもフロー対策であるべきとの趣旨であった。

これに対して別の幹部は「地価上昇の責任はわれわれにある、いまはバブルだ」と主張していたが、この方が納得がいった。

のちに澄田総裁は回顧録の中で「資産価格が上がることの意味をもっと早くとらえて手を打つべきだった」(日本経済新聞「私の履歴書」一九九三年十月二十九日付)と述懐しているが、まことにそのとおりであった。

地元銀行の動向

私は、日銀札幌支店長に着任するとすぐ、地元政財界を代表する人たちを訪ねた。北海道の横路知事、北海道経済連合会の四ツ柳高茂会長、北海道商工会議所連合会の今井道雄会頭と北海道経営者協会の武井正直会長、加えて、北海道経済同友会の大森義弘代表幹事、北海道建設業協会の伊藤義郎会長らに着任挨拶をした。

取引先である拓銀、北海道銀行(以下、道銀)、現在の北洋銀行の前身である北洋相互銀行、その後札幌銀行となる北海道相互銀行、さらに各地の信用金庫にも挨拶に回った。

地元の接触先として最も重要なのはトップバンクの拓銀であり、鈴木茂頭取のほかに、大勢の幹部にも会った。毎週の札幌銀行協会の昼食会での接触相手は主として山本實取締役本店長であった。

鈴木頭取は一九一七年岩内町生まれ、一九四一年東京商科大学（現一橋大学）卒業、兵役などを経て一九四六年に拓銀に入行し、各分野を経験したあと、一九八三年四月に頭取に登り詰めた。「俊敏で親しみやすいバンカー」との評判だった。

日銀の拓銀との関係は、ひと言で言えば、日銀が拓銀のメインバンク、ということである。日銀は拓銀の経営について相談に乗る立場である。また、日々の資金繰りについて助言をする立場であった。拓銀から預金を預かり、拓銀との間で有価証券の売買をし、時には融資をするという関係であった。

一面で監督官庁のような役割も果たすが、実務の上では、あくまでも商取引の相手であるという形式をとっていた。ただ、こうしたメインバンクとしての役割は日銀本店に委ねられていた。拓銀は都市銀行に分類されているため、日銀側は本店の考査局や営業局が拓銀東京本部と接触をしていた。札幌支店は拓銀から情報をもらうが、指導的な役割をしていたわけではない。むしろ、日銀札幌支店は、北海道内の金融経済状況について拓銀と情報交換をすることに力点があった。

いつだったか鈴木頭取がエスコリースに対する融資について語ったのを覚えている。エスコリースは、一九六六年に設立された拓銀系のリース会社であり、社長は元拓銀支店長から転じた人であった。当時の総資産は約三千六百億円、そのファイナンスは拓銀本体、拓銀関連会社、日本長期信用銀行、日本債券信用銀行など多数の金融機関から出ていた。

エスコリースは、ＥＣＣ（イージーキャピタル アンド コンサルタンツ）という大阪の貸金業者に大口貸出があった。これが焦げ付いていた。

当時は母体行主義といって設立母体が子会社の面倒を見ることになっていたので、ほかの金融機関は安心して貸し込んでいたのだ。拓銀はエスコリースのＥＣＣに対する融資を抑制しようと努力していたが、手を焼いているようであった。

拓銀がバブル期に多額の融資をした企業としては、ほかにソフィア中村やカブトデコムがあった。

ある時、北洋相互銀行（当時）の社長だった武井正直氏が私のところにやってきて、憤慨して訴えたことがあった。それは、北洋取引先のソフィア中村という、理髪とサウナを経営する会社がメインバンクを拓銀に移した、つまり拓銀が北洋の取引先を奪った、という話であった。

確かに、他行が育てた企業を横取りするのは企業倫理としては褒められたことではないが、そうはいっても自由競争の時代に、それを外からあれこれ言うのも不適切であろうと思い、私は放っておいた。

カブトデコムといえば、私はその社長にも会ったことはないが、証券会社支店長たちとの付き合いから、話は聞いていた。不動産開発のカブトデコムの株式公開については、財務的に問題があるとして、野村證券が引き受けなかったが、野村と親しい国際証券が引き受けたと聞いた。国際証券は非常に慎重な会社だという印象であったので、不思議だった。カブトデコムの積極的かつ急速な業容拡大については、心配する声が少なくなかった。

拓銀の鈴木元頭取は、のちの拓銀破綻のときに批判を受けて「自分としては心に一点の曇りもない」と弁明したらしい。よく考えてみると、彼は一九八九年四月に頭取から会長に退いたわけであり、その時期、株価は上昇局面、日銀も引き締め前という段階であったから、不良債権を仕込んだという意識はなかったのであろう。

のちに、不良債権を作ったのは鈴木頭取、佐藤安彦副頭取、海道弘司常務という三人の役員の頭文字を取って「ＳＳＫトリオ」であると言われるようになったが、元はといえば巨額の不良債権となったカブトデコム、ソフィア中村、エスコリース（ＥＣＣ）などの企業に対し、鈴木頭取時代に融資を積極化させたからである。

平成に入った一九八九年二月、全国的に相互銀行の普銀転換があった。北洋相互銀行と北海道相互銀行も「相互」の二文字を外して、晴れて銀行の一員となった。相互銀行はもとは無尽会社であり、会員が毎月掛け金を納めて、必要な人が借り入れるという互助組織であった。その意味で不特定多数を相手として預金業務を行う銀行とは別の業態であった。それが時代とともに銀行類似的な組織に変質し、普通預金や当座預金の受け入れ、小切手の取り扱い、送金為替の取り扱い、国庫金の取り扱い、地方公共団体の指定金融機関業務の取り扱いと、業務の幅を拡大してきた。これには、業界として政治に働きかけ、実現してきたといういきさつもあった。

「銀行」という名前に変えるときには、苦労もあったらしい。北洋相互銀行の場合は、相互の二字を外すだけで簡単に済んだが、隣の北海道相互銀行は名前から相互の二字を外しただけでは、既存の北海道銀行と同じ名前になってしまうため、新しく札幌銀行（以下、札銀）という名前をつけたのである。

銀行協会の名前も、全国では相互銀行協会からどう変えるのかという議論があり、既存の地方銀行協会に対する配慮もあって、第二地方銀行協会という名前になった。こうなると、第二流の銀行というイメージにもなりかねないが、仕方がないと諦めたらしい。札幌では、北洋と札銀の二行が、晴れて札幌銀行協会に加盟することになった。一定の計算式に基づき入会金を支払い、銀行協会の一員となったわけである。

なお、銀行のトップの肩書も、相互銀行時代はすべて社長であったが、普銀転換と同時に頭取と称することが認められ、北洋も札銀も喜んで頭取という名前を使うようになった。

第2章　バブルの崩壊

株価・地価の大暴落

時代が大きく転換し、金融政策は引き締め局面に入った。

私が一九八九年五月に札幌支店を離任した直後、日銀は公定歩合を2・5％から3・25％へ引き上げた。「インフレへの予防的措置」という説明がついていた。そして、この後も地価、株価の騰貴が将来インフレにつながるという理屈で、次々と公定歩合を引き上げていった。結局、五回引き上げて、最終的に一九九〇年八月の6％で打ち止めとなった。

他方、大蔵省が一九九〇年三月、「不動産向け融資の総量規制」を導入した。これは金融機関が不動産向け融資の伸び率を総貸出の伸び率以下に抑えることを求めるものであった。

すると、経済の過熱状況とそれに対する政府日銀の強い態度を見て心配になった人たちが、急に回れ右して逃げ始めた。株価は一九八九年十二月のピーク値三万八千九百十五円からいっぺんに下落に転じた。地価も下落し、不動産が売れなくなり、不動産業者の資金繰りが苦しくなった。

九一年に入ると、経済全体の不況色が強まり、各方面から悲鳴が上がった。日銀は九一年七月に、公定歩合を6％から5・5％に引き下げて、引き締め解除を宣言した。総量規制の方も九一年十二月に解除された。しかしその後も不況が深刻化し、日銀は利下げを次々と繰り返す状況に追い込まれた。

九一年六月には証券会社による大口顧客への損失補塡《ほてん》が表面化した。この年にはイトマンの経営難、東洋信用金庫の偽造預金証書事件も起きた。

九二年八月に日経平均株価が大底一万四千三百九円をつけた。これはプラザ合意時点の

好況感は依然高水準

5月の日銀短期観測

高まる物価上昇圧力

日銀が十二日発表した五月の企業短期経済観測調査（短観）によると、企業の好況感は前回調査（二月）よりやや低下したものの、引き続き高水準を維持、設備投資計画も昨年の同時期調査に劣らない高い伸びを示している。一方で、円安などを背景に仕入れ価格の上昇感が増幅、製品価格もほぼ六年ぶりに「上昇」予想が「下落」予想を上回るなど、企業の値上げ意欲が強まっている。今回の短観は、円、株、債券相場のトリプル安と第四次公定歩合引き上げ（三月二十日）後の調査として注目されたが、日銀は「景気が腰折れするとは思えないが、物価上昇圧力は高まっている」（調査統計局）として、インフレへの警戒感を一段と強めている。

調査対象の主要企業六百九十一社の業況判断指数（DI＝「良い」と判断する企業の割合から「悪い」とする企業の割合を引いた数値）は製造業、非製造業とも四八%で、二月の前回調査に比べ製造業は四ポイント、非製造業は一ポイントそれぞれ下回った。しかし日銀は「依然高い水準にある。成長スピードはダウンしているが、トリプル安は大きなインパクトにならなかった」と、現在の大型景気がいまだに高原状態にあると判断している。

これを裏付けるように、景気を引っ張る企業の本年度の設備投資計画も全産業で前年度比一一・二%増と、昨年同時期調査（一三・〇%増）に迫る好調さをみせている。

半面、製品需給は引き締まり感が持続。仕入れ価格も円安や原燃料価格の上昇を背景に上昇感が極めて高くなっている。このため製品価格は「上昇」の割合から「下落」の割合を引いたDIがプラス一%（前回調査マイナス五%）と一九八四年二月調査以来、ほぼ六年ぶりのプラスに転じ、物価上昇圧力が確実に高まっていることを示した。

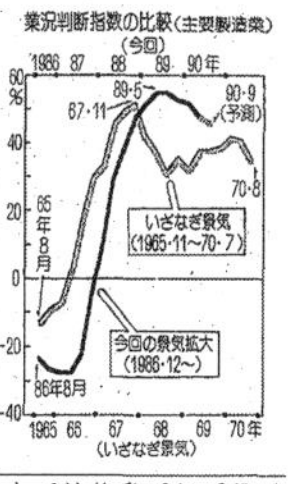

本道だけ前回上回る好況感

日銀札幌支店が十二日発表した本道の企業短期経済観測調査（短観、五月時点）によると、好調な民間設備投資、個人消費に支えられて引き続き好況感は強く、全産業の業況判断のDIはプラス三一%（二月時点三〇%）になった。全産業で二月を上回ったのは、全国九ブロックでも本道だけ。

業種別にみると、製造業は、一般機械や木材・木製品で増収基調を背景に良好感がさらに強まった。非製造業も、小売業やリース業で金利負担、人件費の増大に伴い良好感がやや後退しているものの、建設業や不動産業が好調で高水準を維持している。地域別DIでは、道南地区が過去最高のプラス三四%を記録したほか、道央、道北地区が二月調査を上回るなど「根強い道内景気の拡大基調を裏付けている」（同支店）。

先行きについては、金利負担や人手不足に伴う人件費の増大、仕入れ価格の上昇などから収益悪化を見込む企業もあるが、全体的に高水準の良好感が持続される見通しだ。

1990年6月13日　北海道新聞朝刊。全国で北海道だけが好況感があることを伝えている。

八五年九月の約一万三千円に近い水準で、バブルによる株高がほとんどはがれ落ちたということを意味していた。また、証券業界の格言で「底値は半値八掛け二割引」という言葉があるが、ほぼこれに相当していた。

私は九三年六月までの約四年間、東京で勤務していたので北海道の経済金融情勢の推移について直接は知らない。当時の記録を調べてみると、北海道では八九年は大変な好況であった。多数の地元企業が株式を上場あるいは店頭公開した。九〇年も設備投資、公共投資、住宅投資、消費、いずれも衰えが見えなかった。景気にはまだ余熱があった。

九一年に入ると不況色がはっきりした。分譲マンションも、賃貸マンションも売れ行きが極度に落ち込み、不動産関連業者の経営危機が表面化した。就職市場で企業と学生の立場が逆転し、特に女子の短大、大学卒業予定者の就職が困難になった。九二年に入って景気後退がさらに進んだ。不動産不況である。加えて消費が落ち込んだ。観光客の入り込みが減り、ゴルフ場建設の中止、縮小が始まった。九三年は不況も三年目となった。札幌商工会議所が「不況突破総決起大会」を開き、景気浮揚対策を政府に求めた。

この時期、拓銀は山内宏頭取時代であった。取引先企業が次々と経営困難に陥り、拓銀は悪戦苦闘の態であった。例えば——。

1998年3月に倒産した大規模会員制リゾートホテル「エイペックスリゾート洞爺」

第一に、九二年三月、「拓銀と蜜月関係」とされていたカブトデコムが経営不振に陥った。

拓銀はカブトに対して五百億円の追加融資枠を決め、六月、担当の海道弘司常務を関連会社社長に出した。その後の調査でカブトグループに対する拓銀グループの融資は二千八百億円に上っていることが判明した。これは拓銀の自己資本に近い金額であり、異常だった。

九三年六月、カブトが洞爺湖畔に建設を進めていた巨大リゾートホテル「エイペックスリゾート洞爺」が開業したが、すでに拓銀とカブトの信頼関係は壊れていた。拓銀はカブトの佐藤茂社長から経営を取り上げようと動いた。

第二がソフィア中村。八八年に都市型健康リゾート「札幌テルメ」を開設したが、九一年に「テルメインターナショナルホテル」というリゾートホテルの建設に着工するとともに、隣接地に大型ショッピングセンターを建設すべく、周辺農地の取得に動いた。バブル崩壊が鮮明になる中で、なお未完の状態だった巨大開発計画は、拓銀にとって大変な重荷になった。

第三は、拓銀系リース会社のエスコリースだ。不良債権で身動きがとれなくなり、九一年五月、関係する三十二の金融機関に対して元金返済猶予と利払い棚上げの支援を要請した。エスコリースの経営難は大阪の貸金業ＥＣＣへの放漫貸出によるものであった。

山内頭取は一九二七年樺太生まれ。五二年北海道大学を卒業した。拓銀に入行し中枢を昇進して、八九年四月、頭取に就任した。大柄で「温厚な人柄」と評されていた。就任後間もない九〇年九月に「拓銀21世紀ビジョン」を発表し、その中の柱のひとつ、「インキュベーター路線」（新興企業支援）を推進するために総合開発部を新設した。

この総合開発部はインキュベーター路線を積極的に推進する海道常務の下、カブトやソフィアなどのバブル銘柄を担当した。しかし、振り返ってみれば、日銀も大蔵省もすでにバブル潰しの政策をとっていた。日経平均株価は八九年十二月のピーク三万八千九百十五円から九〇年十月には二万円を割るレベルまで急落していた。景気はまだ余熱があったが、経済の潮流は明らかに反転していた。それにもかかわらず鈴木路線を踏襲して経営の舵をバブル方向に維持したのは失敗であった。

私は一九八九年五月から九一年三月までの約二年間、日本インベスターズサービス（NIS）という、企業格付をする会社に出向していた。常務格付アナリストとして社債格付実務の責任者を務めた。対象は転換社債とコマーシャルペーパーが多く、それらはまたバブル的資金調達であった。八九年十一月、NISは北洋から格付の発注を受けた。格付審査の一環として、私は武井正直頭取にトップインタビューをするために札幌に来た。武井頭取は私に向かってこう言った。

「最近の首都圏の地価の騰貴はどこかおかしい。都銀がこれによって手品や錬金術をやって大いにもうけているが、これはけしからん話だ。こんなことはどこまでも続いてはいけない」

これはバブル最盛期のときの話である。株価が最高値をつけている時期の警鐘である。いま振り返って、バブルの時代に、他行が高収益を上げているのを横目で眺めつつ、自行を抑制的に経営するのは、簡単ではなかったはずだ。仮に先行きの見通しに自信があっても勇気のいることである。他行と同じやり方をして失敗しても許されるが、違うやり方をして失敗した場合には責任を問われる。こういう日本的経営風土の中で自己の信念に忠実に生きる、ということは並大抵のことではないと思った。

私の日銀での次の仕事は、一般国民向け広報窓口である情報サービス局の局長職であった。この仕事は一九九一年三月から九三年六月まで二年余り務めた。

八九年十二月に就任した三重野康総裁は、当初バブル潰しの時期には「平成の鬼平」と呼ばれて好評であったが、株価急落、地価急落、景気悪化の段階に入るとデフレの元凶とされ、情報サービス局の窓口にも批判の電話が数多く入ってきた。局員が各地に出向いて市民の声を聞く座談会をやったこともあったが、遺産相続を巡る家庭内紛争が多発していることを知った。親の住居が一億円もするとなると相続する遺族の心も荒廃するなと感じた。

北洋に入行

私は、一九九三年六月、日銀を退職し、北海道に戻って北洋の副頭取に就任した。この再就職は、武井頭取の派遣要請に対して、日銀の中で三重野総裁、丹治誠理事が相談して人選したものであると聞かされた。

「私でよいのか」という思いはあったが、札幌はよく知っている街であり、北海道の経済界金融界にも知己が多いので不安はなかった。妻は北海道出身でもあり、それまでしていた仕事を打ち切って、一カ月後に合流した。

日銀支店長のときとは違い、腰を落ちつけて地元に根を張って頑張ろうと思った。中国語の「落地生根」の精神であった。

私が北洋に来た九三年は景気循環からみると九〇年からの下降局面の下げ止まりの頃であった。株価も九二年八月に一万四千円台の底をつけたあと二万円台まで戻してひと息ついた局面であった。しかし、銀行やノンバンクの不良債権が非常に大きな問題になっていた。

北洋の九三年三月末の状況は、総資産一・六兆円、店舗数百二十店、職員数二千三十五人

であり、北海道の中では四行中三番手の銀行であった。株主は、安田信託、拓銀をはじめ、機関投資家が多かった。取締役は十七人、監査役は三人。主要役員は、六月から、武井頭取、髙橋隆司副頭取と私、それに水戸重光専務、小林耕三常務、高橋純一常務だった。本店の十階建てのビルは大通西三丁目にあり、大通公園を挟んで北向かいに拓銀の五階建てビルが見えた。

武井頭取は、一九二五年生まれ、日銀の考査局次長を最後に、七八年北洋入りし、専務、副社長を経て、八二年、社長に就任している。この銀行はもともと一七年に小樽にて北海道無尽の名で創業、四四年に道内無尽会社合併の中核となって北洋無尽と名乗り、翌年札幌に本社を移転した。五一年、相互銀行となり、八九年、普通銀行に転換し今日に至っている。もともと小樽の寿原《すはら》グループが経営に携わっており、寿原九郎氏が長く社長を務めていた。労使紛争もあって経営が苦境に陥ったことから、日銀に社長の派遣を依頼し、七〇年、元札幌支店長の大塚武氏を受け入れた。

私が来たときの北洋は、武井哲学がよく浸透しており、「脚下照顧、現状否認」「信頼と情報」「報告・連絡・相談」をモットーとしていた。銀行の花はハマナスであり、銀行の歌

北洋無尽の札幌本社ビル（1947〜54年）

は「はまなすの歌」であった。

支店巡りをして気付いたのは、店舗の建物が全体的に非常に古く、営業店窓口の機械化やATMの導入も遅れていることであった。システム部門から話を聞いたところ、早くシステムの更新をしなければいけないとのことであった。特にハードは劣化するので、その置き換えが必要になるということが分かった。開発のためのプログラミング言語も一世代古いので、手直しのための開発の効率が悪いということも分かった。日中、支店端末を稼動させている間、センターで同時に別の処理

札幌大通公園西3丁目のハマナス。後ろは旧北洋本店。このハマナスは、1976年に北洋が本店ビル新築を記念して山田良定作「湖風の像」とともに寄贈したもの。

をすることができないので、システムの一日の稼動が終わったあとでその処理を行っていることも分かった。

一九九四年七月に、「当行電算システムの現状と今後」というペーパーを用意して、武井頭取に報告した。事務管理部と北洋システム開発株式会社とで、事前に細かく検討をしたが、結論は頭取の意向に合わせて「システムの更新を先送りし二年後に改めて見直す」ということにした。

九六年五月、私は支店窓口事務の体制を見直すことを命じられた。まず、職員四人を帯同して、同じ第二地銀の京葉銀

地元4行の比較（1993年3月）（単位　億円　%）

	拓銀	道銀	北洋	札銀
総資産	109,735	34,984	16,124	7,591
当期利益	78	37	21	11
自己資本比率	B 9.09	B 8.65	B 9.41	M 4.30
店舗数	215	145	120	73
従業員数	6,329	3,235	2,035	1,075
頭取・社長	山内 宏	藤田 恒郎	武井 正直	潮田 隆

（注）BはBIS基準、Mは国内基準

行を見学に行った。京葉銀行の浜田正雄頭取は、その昔、北洋のオンラインシステムを見学したことがあった由で、綿貫弘一副頭取とともに、親切に対応してくれた。京葉銀行は、窓口端末機やATMの導入が進んでいた。また、店舗内のレイアウトが効率的にできていた。これは、当行も真似をすべきことだと考えた。

このあと六月には、副頭取の私から全支店長あてに私信を送り、支店内での事務体制の見直しを求めた。例えば、お客様自身でATMによる預入・引出・振込をやっていただくよう誘導し、ATMの前ではまず一列に並んでもらい、やがてフォークの先端が分かれるように複数のATMの前に進んでもらう方式にした。「フォーク並び」と呼ぶ方式だ。

また、店頭の混雑状況を表す繁閑日のカレンダーを掲示してお客様にその日を避けて頂くようお願いする、なども指示した。さらに、行内の衛星テレビを使って、支店の窓口担当者にも直接窓口事務体制の見直しの呼びかけを行った。

北洋の取引先企業でつくる親睦会組織に「はまなす会」がある。九七年三月、私は室蘭支店のはまなす会で講演をした。栗林商会の栗林和徳社長が、挨拶の中で、北洋のシンボルの花であるハマナスを読み込んだ中村草田男の俳句を紹介してくれた。「はまなすや今も沖には未来あり」という句であった。今が苦しくても将来がある、というニュアンスが気に入って、私はそののち、この俳句を頻繁に引用するようになった。

金融危機の広がり

バブルの崩壊で一九九一年から九三年にかけて多数の企業が経営不振に陥った。特に銀行借り入れ依存の大きいところは金利支払い、元金返済に窮するようになった。この結果、バブル崩壊の影響が金融界にもそのまま及んできた。

九三年五月、釜石信用金庫の破綻処理が発表された。これは従来の東邦相互銀行や東洋信金が「合併」で救済されたのとは異なり、「営業譲渡」による処理であった。岩手銀行が資産負債を個別に精査して引き取る、そして不良債権は別途、全国信用金庫連合会が作る債権回収会社が引き取るというスキームであった。店舗の「暖簾代《のれん》」はゼロとされていた。実はこのやり方が、のちに北洋による拓銀引き取りの原型になるわけである。恥ずかしながら当時の私は「また信金がひとつ潰れたか」程度の関心しかもっていなかった。

一九九四年十二月、東京都が東京協和信用組合と安全信用組合の二信組に対して、破綻処理をする旨発表した。受け皿として設立する東京共同銀行に対しては、金融界全体として出資という形で支援することが求められた。

金融業界では、不穏な状況が続いた。九五年七月、コスモ信用組合で取り付け騒ぎが発生し、東京都が業務停止命令を発出した。同八月には、木津信用組合に対して大阪府が業務停止命令を発出した。同じ日に、兵庫銀行も自主再建を断念すると発表している。九月、大和銀行は、ニューヨーク支店で約一千億円の損失が発生したと発表した。

十二月、住宅金融専門会社（住専）処理案が閣議決定された。住専七社の損失額は六・七兆円。その負担を母体行は債権全額放棄の三・五兆円、一般行は部分放棄で一・七兆円、農林系統は申し出負担能力分の贈与五千三百億円、最後に税金投入六千八百五十億円という内容であった。住専のひとつ、総合住金への融資がある北洋も応分の負担を求められた。

九六年一月には、破綻した兵庫銀行の受け皿としてみどり銀行が営業開始し、そこにも出資を求められた。資金量二・七兆円の兵庫銀行のためになぜ一・四兆円の北洋が助けを出さなければいけないのか、疑問に感じた。

拓銀の経営状態にも注目が集まるようになった。

九四年九月の中間決算で大幅な減益を計上した。十二月には大蔵省から「決算承認銀行」の指定を受けるに至った。九五年三月期に、初となる八十七億円の経常赤字決算に陥った。市場の目が一段と厳しくなった。貸倒引当金を計上すれば純資産がマイナスになるのではないかとか、資金繰りがきつくなっているのではないかとか、本店の建物を売却するのではないかとかいう見方が出るようになった。

九六年三月期には、七百十四億円の最終赤字を計上し、配当を前年の5％から2・5％に引き下げた。さらに、大幅人員削減を含むリストラ計画を発表した。資金繰りを緩和するため、大企業向け融資を抑制し、大口定期預金を取り入れる方向に舵を切ると、株価がさらに下落し、株主が動揺し始めた。週刊誌などでは「危ない銀行」として報道されるようになった。

この頃になると、北洋にもバブル崩壊の具体的影響が幅広く発生した。かつて、本店はまなす会の会長企業でもあった小林グループの状況については、事業が多岐にわたっており資金関係も錯綜していたため、実態把握がうまくできていなかった。かなり苦労して調査した結果、グループの構成は、本体の小林企業(タクシー、ゴルフ場)のほか、小林リース、日本SEがあり、これに対して借入先は、北洋のほかに、東海銀行、拓銀、商工中金、東洋信託銀行など多数あった。小林グループの状況が次第に悪化し、資金繰りが厳しくなったことから、九五年八月、追加融資を行った。

拓銀・道銀の合併構想

一九九七年四月一日に、拓銀と道銀の合併構想が発表された。ショックだった。最初に感じたことは、ガリバー銀行の出現で北洋は潰されてしまうのではないか、ということであった。次に感じたことは、これまでの両行の激しい競争関係を考えると、対等合併とはいえ、融和が難しいのではないか、という点であった。

行内では、武井頭取が気持ちを高揚させて激しい言葉で指揮を執り始めた。まず、規模

地元４行の比較（1997年３月）（単位　億円　％）

	拓銀	道銀	北洋	札銀
総資産	95,239	34,069	18,150	8,234
当期利益	61	−167	20	3
自己資本比率	B 9.34	M 4.13	B 8.44	M 4.24
店舗数	202	138	122	73
従業員数	5,517	2,693	1,947	1,106
頭取	河谷　禎昌	藤田　恒郎	武井　正直	潮田　隆

（注）BはBIS基準、Mは国内基準

で負けないように、「預金二兆円運動」をやると宣言した。また、織田信長が桶狭間で今川義元の大軍を迎え撃ったように北洋は拓銀・道銀連合軍を迎え撃つのだと皆を煽った。

五月になると、一転して両行の合併交渉がうまくいっていないという風評が流れてきた。

八月十四日に合併延期との報道が出た。堀達也知事や北海道経済連合会の戸田一夫会長らが調停に動いたが、失敗した。拓銀の経営を不安視する風評が立ち広がり、九月八日、株価は百九円まで落ち込んだ。十二日、合併延期の共同記者会見があった。

二十二日、武井頭取が常務室の大部屋に姿を見せた。

「もし北洋が救済合併を頼まれたら、どうするか」

突然の問題提起だった。

北洋の役員陣は二〜三日かけてどう対応すべきかを議論

私の北洋・拓銀合併試算（1997年9月）

	北洋	拓銀	合併後（拓銀半分引き取り）
株式数	1.4億株	9.3億株	
株価	600円	150円	
時価総額	840億円	1400億円	
総資産	1.8兆円	9.5兆円	1.8+9.5/2＝約5兆円
実質自己資本	800億円	(推定)ゼロ	必要額：5兆円×4％＝2,000億円 不足要投入額：1,200億円

した。頭取と木澤信雄常務が前向きだったが、多くの役員は内心、慎重だった。

しかし、武井頭取は熱心であった。結局「頭取がそこまで言われるのなら」ということで、「北海道経済のため、本州は分離して北海道のみ営業を譲り受けることはやむを得ない」と意見をまとめた。

十一月三日、三洋証券が破綻した。三洋証券が取り入れていたコールマネーは返済不能になった。金融界にとって大変な衝撃であった。拓銀は慌てて大口預金の高利取り入れや、貸出の回収を強行し始めた。

十四日金曜日、この日が日銀に対する準備預金積み立ての最終日だったが、拓銀は大口預金もコールマネーも取れず、結局積み立て不足で終わってしまった。

のちに私は、「少し前から、合併話が来た場合に備えてシ

ミュレーションはしていた」と発言したが、実は、武井頭取も私も日銀筋から内々に打診を受けていた。そして私は

Peter S. Rose "Commercial Bank Management"

(McGraw-Hill Irwin)

という米国の銀行経営の本を読んで、万が一に備えて勉強をしていた。

その頃、私は月寒支店取引先のはまなす会で講演をした。「乱気流に備える」というテーマで話したが、まさにそのような心境であった。

私は、かねて女性職員の登用、活用を主導していた。その関係で、この年の九月と十月に女性リーダー養成研修に講師として出席した。このときじっくり話し合った道内各地の中堅女性職員が、翌年の拓銀との事務統合作業の中心になってくれたわけだ。

第3章　拓銀の破綻

突然の電話

その日、一本の電話から事態が急転した。

一九九七年十一月十五日土曜日、午前十一時頃だった。日銀信用機構局の増渕稔局長から副頭取である私の自宅に電話が入った。

武井正直頭取と連絡をとり、大蔵省銀行局内藤純一銀行課長に至急電話するように伝えて欲しいとのことであった。

武井頭取は出張先の東京から札幌に戻る途中であった。秘書室長に聞くと新千歳空港から迎えの車に乗った頃と言うので、頭取を直接、自動車電話で呼び出し、メッセージを伝えた。

武井頭取は札幌に戻り北洋本店から内藤課長に電話をしたが、このときは通じなかった。この日、頭取は北海道美術館協力会の講演会で主催者として挨拶する予定だったので、会場の道新ホールに移動し、冒頭の挨拶だけ済ますと、渡辺淳一氏の講演は聞かずにホールロビーの公衆電話から再び電話をかけた。午後二時頃になってようやく通じた。私はそばでテレホンカードを渡し続けた。

「拓銀は自主再建が困難となり業務継続を断念した。北洋に受け皿になって欲しいと言っているので、よろしくお願いしたい」とのことであった。拓銀と道銀の合併については「うまくいかなかった」とのことであった。

また日銀特融と預金保険機構の資金援助が前提であること、引き受けは北海道内だけでよいこと、などの詳細な説明があった。

武井頭取は「相談した上で回答する」と言って受話器を置いた。頭取はこのあと日銀の本間忠世理事に電話をした。日銀は大蔵省とも打ち合わせ済みであり、引き受けて欲しいとのことであった。

私は苫小牧に出掛けていた髙橋隆司副頭取に「すぐに札幌に戻って欲しい」と連絡した。午後四時から北洋本店で武井頭取、髙橋副頭取と私、つまり代表権を有する三人の取締役で相談した。大蔵省からの依頼となれば「ノー」という回答はあり得ない。

三人で相談したのち、武井頭取は午後八時頃、内藤課長へ応諾の回答をした。そして三点の確認を改めて求めた。それは日銀特融出動、預金保険機構からの資金援助、道内のみの分割営業譲渡である。午後十時、内藤課長から了解との連絡があった。武井頭取は、「髙橋君が北洋を見る、高向君が拓銀を見る、それでいこう」と宣言してこの日を終えた。

翌十六日は日曜日であったが、前田栄一常務、木澤信雄常務、釘本光治常務を呼び出した。経営管理部長の中井千尋、同企画課長の斉藤雄生も呼び出した。

朝八時に拓銀の河谷禎昌頭取から武井頭取に電話が入った。「受け皿引き受けの決断に感謝する。よろしくお願いしたい」とのことであった。

私たちは、これからどう作業を進めていくかを議論した。まず、明日朝に取締役会を開催する。それから部室長全員を集めて経営会議を開催する。全支店長への連絡もしなくてはいけない。二つある労働組合にも通告する。道庁の支援表明を取り付ける。道内主要経済団体のトップにも話をする。ほかの銀行や信用金庫にも挨拶が必要、地元の財務局と日銀支店にも報告するなどの段取りを考えた。

そのほかにマスコミ窓口を一元化する。それに関連して対外発表文を作っておかなければいけないと気付いて、慌てて武井頭取が斉藤企画課長に対して次のように口述した。

> 営業の譲受に関するお知らせ
>
> 本日、北海道拓殖銀行が事業継続困難な事態になりましたことは、甚だ遺憾に存じ

ます。

しかし、順便な北海道経済の運営のため大蔵省、日本銀行では、日銀法第25条を発動し、経済的混乱を回避することとなりました。

当行は、当地域に営業基盤を有し、道内経済の発展を旨としておりますが、本日、道内各金融機関と相協力し、北海道拓殖銀行から営業を譲り受けることとなりました。

今後とも大蔵省、日本銀行と密接に連携を取り、北海道経済の信用維持、金融システムの安定化並びに更なる北海道経済の発展に微力を傾注する所存でありますので引き続き皆さまのご支援ご鞭撻を賜りますようお願い申し上げます。


本部や営業店の現場にどう指示をしておくかを考えた。とりあえず、本部の幹部職員には明日の朝は早めに出勤するよう電話連絡をした。開店後はおそらく大勢のお客様が拓銀の窓口から預金を払い出して、北洋に持ち込むだろう。拓銀側の現金手当は日銀が面倒をみてくれるだろうが、こっちは預金の大量受け入れで窓口がパンクするかもしれない。北洋の男性渉外職員は外回りをさせず、店内に待機させようと決めた。月曜日に北洋の職員がどう反応するか心配した。それにも増して拓銀の職員がどう反応するかも心配した。

営業譲受の具体的スキームについては、私がこの日、終日かけて大蔵省、日銀と綿密な打ち合わせをした。相手は大蔵省銀行課の相澤雅文補佐と日銀信用機構局の増渕局長であった。「継承」という言葉を使って欲しいと言われた。そして、これは合併と買収の両選択肢があるが、拓銀が債務超過であれば買収しかあり得ない、という説明があった。買収の場合、拓銀はそのあとどうなるのか、という質問には「清算して消滅する」との回答だった。

もうひとつ、武井頭取は当行が元請けになって、道内のほかの金融機関にも分担してもらうのだと主張していたが、当局は元請け方式にはせず、ほかの金融機関が協力するように配慮するとのことであった。

さらに、「実際の営業譲渡は一年くらいあとになる」「北洋は北海道内の営業だけを引き継ぐ」「拓銀が抱える不良債権は切り離して北洋には正常債権のみ引き渡す」と説明された。「拓銀を清算した時点での資金的な穴埋めは預金保険機構が担う」と聞かされた。「拓銀の資産が今後、劣化しないよう業務改善命令を発出し、厳格に監視する」との説明を受けて、次第に「継承」の輪郭がはっきりしてきた。このようなやりとりを私から常務席メンバーに話をして、全員の理解を深めていった。

拓銀側の窓口は企画担当、相川信一常務と決まった。相川常務からは「ご迷惑をかけますがよろしくお願いします」との挨拶があった。両行間の各レベルで明日以降の段取りの相談が始まった。拓銀は明日、十七日月曜日、午前六時二十分にマスコミに連絡の上、午前八時二十分から河谷頭取が拓銀本店で記者会見を行う、と連絡してきた。日銀札幌支店の大芝芳郎支店長からの電話で明日の拓銀側の現金手配状況が分かった。道警の協力も受け、拓銀は全店に現金準備を十分に整えたとのことだった。のちに知ったところによれば道内で約二兆円を用意したという。長時間の作業を終えて帰宅する時、寒さが身にしみた。

拓銀破綻の日

拓銀の経営破綻が発表される朝が来た。

十一月十七日、月曜日。北洋本部では、朝八時から取締役会を開催した。部室長もオブ

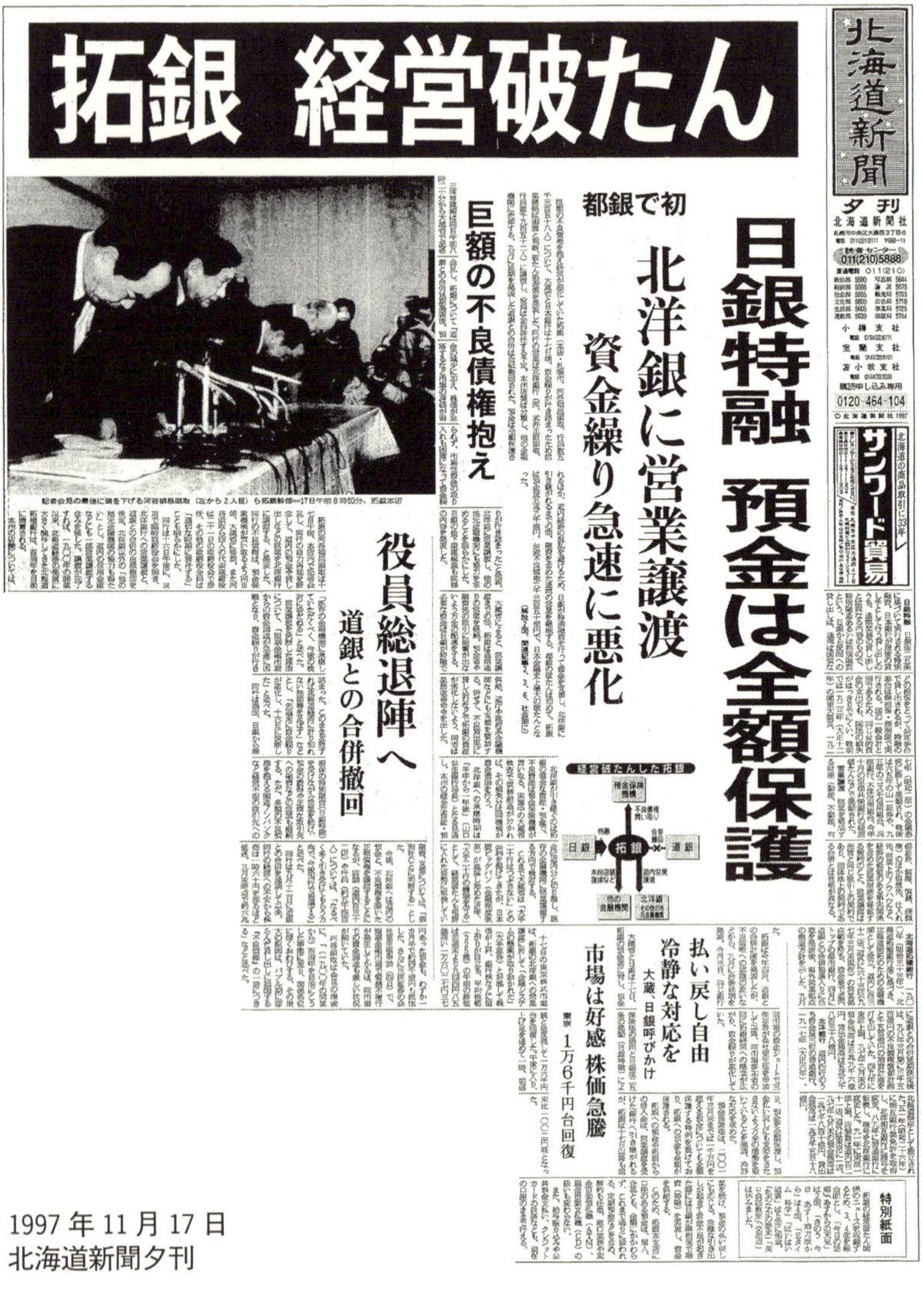

1997 年 11 月 17 日
北海道新聞夕刊

ザーバーとして出席させた。緊張で張りつめた空気の中、武井頭取が次のように説明した。拓銀の資金繰りが悪化した。このまま預金支払い不能に陥れば北海道経済が大混乱になる。当行は拓銀の北海道内の営業だけ引き継ぐ。またほかの金融機関にも協力してもらう。こういう説明のあと、全取締役に異論がないことを確認して引き受けを決議した。

二つの労働組合には、九時に担当役員から通告した。ただちに支店長に対して当行発表文を付けてファクス通知した。

武井頭取、髙橋副頭取、私の三人で手分けして関係先へ電話をした。まず北海道財務局長と日銀札幌支店長、続いて札幌国税局長にも。道庁は堀達也知事が出張中だったので丸山達男副知事に伝えた。札幌市役所は桂信雄市長へ。道銀、札銀、そして信用金庫協会会長の稚内信用金庫にも。第二地方銀行協会会長行の名古屋銀行にも連絡をした。

朝方、武井、河谷両頭取がまだ顔を合わせていないことに気付き、拓銀側と相談して面会をセットした。午前十時に河谷頭取が当行に来た。河谷頭取からは引き受けに対する謝意の表明があり、自分たち代表権を持つ取締役四人は十一月二十一日に辞任し、残りの取締役の中から頭取代行を選任する、などの説明があった。河谷頭取は最後に「できるだけ良い形で引き継ぎたい」と結んだ。

このあと武井頭取は北洋本店で記者会見に臨み、大蔵省からの引受要請の経緯を語った。譲り受けの資産規模や店舗・人員の扱いについてはすべて「未定」と述べた。

私は昼休みに拓銀本店を見に行った。窓口の前には大勢のお客様が並んでいた。窓口の女性職員は必死に頑張っていた。悲しい光景であった。昭和の金融恐慌を教科書で勉強しただけの私にとっては衝撃的な光景であった。

午後三時四十五分、北海道経済連合会の戸田一夫会長と北海道商工会議所連合会（道商連）の伊藤義郎会頭が揃って来行した。拓銀は首脳が一斉に退任したあと司令塔がなくなって混乱する恐れがある。職員のやる気がなくなるのを危惧する、という話があった。

さらに大蔵省の業務改善命令が出ると拓銀の経営上の自由がなくなり、苦しい融資先の面倒をみられなくなる、という心配も指摘された。この日の関係方面とのやり取りの中で、経営状況の悪い地崎工業の扱いが業務改善命令との関係で難しくなるとの説明を受けた。

拓銀の相川常務からも個別案件で早急に相談したいものがあると予告があった。大蔵大臣談話の中に「受け皿銀行には拓銀の有する健全な資産・預金等が引き継がれることとし、拓銀の財務内容を今後速やかに確認した上で、預金保険機構が不良債権を買い取る等所要

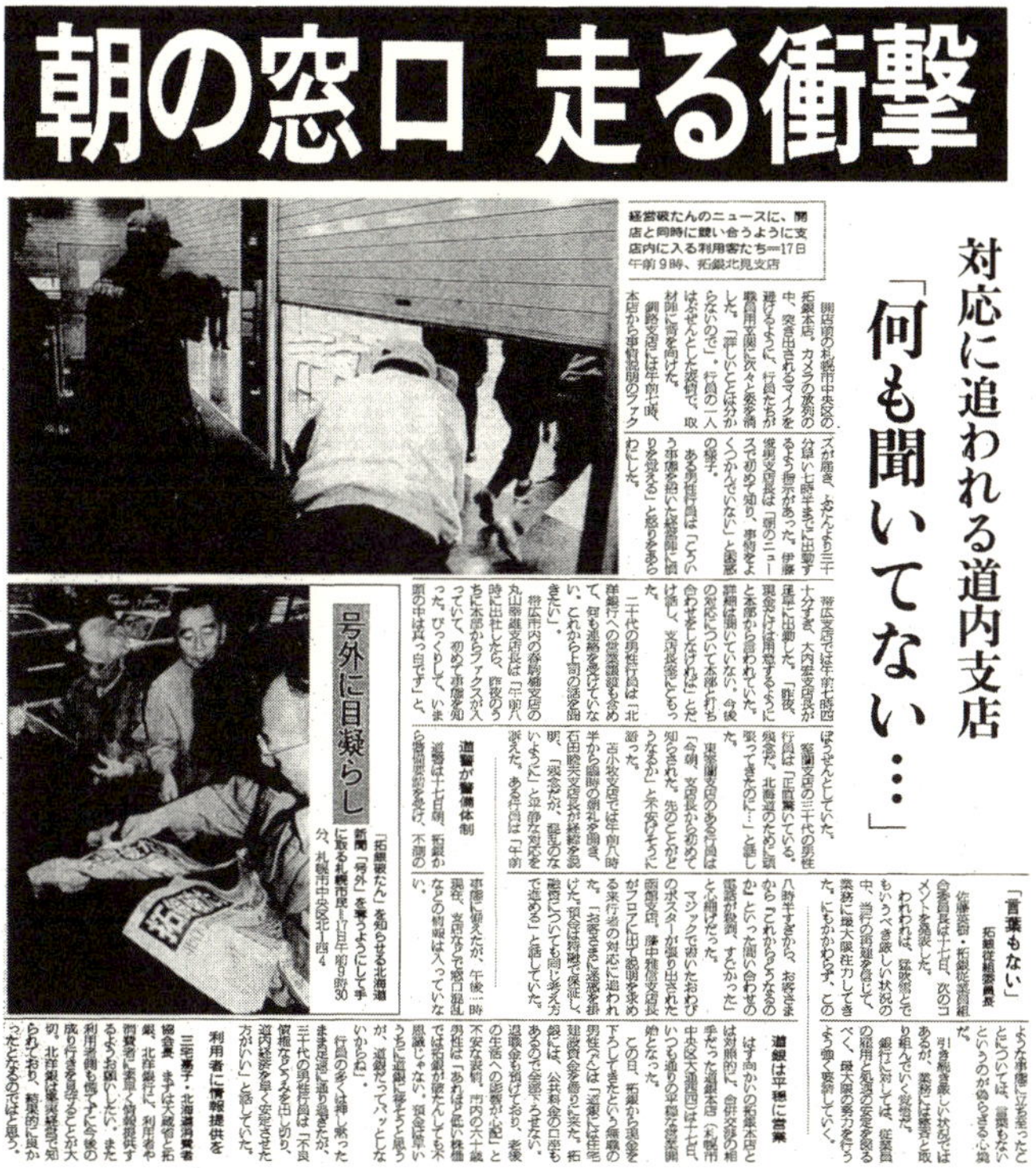

朝の窓口　走る衝撃

対応に追われる道内支店
「何も聞いてない…」

経営破たんのニュースに、開店と同時に競い合うように支店内に入る利用客たち＝17日午前9時、拓銀北見支店

号外に目凝らし

「拓銀破たん」を知らせる北海道新聞「号外」を奪うようにして手に取る札幌市民＝17日午前9時30分、札幌市中央区北1西4

「言葉もない」拓銀従組委員長

道警が警備体制

道銀は平穏に営業

利用者に情報提供を

1997年11月17日　北海道新聞夕刊

の支援を行うこととする」との文章があった。ここから不良債権となっている企業が心配し始めたのだ。

　この日、朝七時にテレビのニュースで拓銀の破綻が報道された。午前中、新聞各社の号外が出た。大蔵・日銀のPRで「預金は全額保護される」と繰り返し報道された。拓銀からの預金流出が目立ったが、予想の範囲内にとどまったとのことだった。

テレビのニュースの中で、道行く市民の声として「この合併はうまくいかないだろう」とか「北洋に救済されるとは拓銀も落ちたものだ」というコメントが紹介されたらしい。

私は午後八時に帰宅したあと、ある知り合いの拓銀OBの自宅に電話をした。彼は「どうしてこんなことになってしまったのか情けない」と絞り出すような声で応答してきた。

私は日記に「初日、大きな波乱なし」と記した。

この日の北洋の支店はどういう状況だったか。

北洋の支店長は何の予告も受けていないので、いつも通り出勤した。朝七時のニュースを見る前に家を出た支店長は、銀行に着いて、あとから到着した職員の話で知った。通勤途中に夫人から携帯電話で連絡を受けた支店長もいたが、内容がよく分からないまま支店に到着した。

拓銀の行き詰まりと北洋による引き受けがどういう意味なのか、自分たちの仕事にどう影響するのか皆目分からなかった。

支店長たちはそれぞれの店で朝のテレビのニュースを見た上で、職員に対して「冷静に、落ち着いて営業を進めよう」と訓示した。しばらくして本部からは、拓銀から営業を譲り受けることになったとのファクスが届いたが、それでもよく理解できなかった。開店後もいつも通りで変化はなかった。中には気になって若手職員に拓銀の支店をのぞかせた支店もあった。お客様がロビーにあふれていた。しばらくすると、拓銀で預金をおろしたお客様がこちらに現金をもって預金しに来た。

他方、のちに拓銀サイドから聞いた話では、拓銀の支店長は前日の昼過ぎ「担当役付と二人で支店に出勤せよ」と本部から電話連絡を受けた。夜遅くなって現金輸送車が本部から到着し、平時には考えられないほどの現金が届いた。一万円券が千枚の日銀封大束には日銀を表す「目玉のマーク」がついていた。日銀の金庫から直送されてきたことがすぐ分かった。道内は日銀の四支店、東京方面は日銀本店からであった。

これまでに、預金の流出を抑制せよとか貸出を回収せよという指示が度々来ていたので資金繰りが厳しいとは想像していたが、「来るものが来たか」との思いであった。

この段階では、拓銀の店舗の営業が継続できるものかどうかも分からなかった。当日は本部指示により男性役付は午前七時に出勤、そこでファクスによる本部通達を読み、すべてを承知した。一般職員は普段どおり午前八時過ぎに出勤してきた。皆に事情を説明し「気合を入れて頑張ろう」と誓いあった。

最初の一週間

破綻から一週間、拓銀の本支店に預金引き出しの顧客が殺到した。

ＡＴＭの前は普通預金引き出しの行列になった。あふれた人はすぐ近くの北洋の店に来て北洋のＡＴＭから他行預金引出手数料百五円を払って拓銀の預金を引きおろした。定期預金解約の顧客はカウンターの周辺にあふれた。拓銀では店舗の外に人があふれると、街中にパニックを引き起こす恐れがあると心配して、店内の応接室を全部待合室にした。

払い出した預金は北洋に来た。こちらの窓口は新規口座開設で繁忙を極めた。機械装備が不十分なので、お客様を長時間待たせた。窓口の入出金端末機（ＯＴＭ）は二人で一台を共用していた。札束にする結束機も少ないので手作業である。紙幣を束ねる大帯、小帯が足りない、と悲鳴が上がった。払い出した預金は北洋以外では東京三菱銀行や商工中金、郵便局に行ったようだ。

二日目の十八日火曜日。私は上京し、大蔵省の内藤銀行課長、相沢補佐と会った。続いて日銀本間理事、増渕局長、中曽宏信用機構課長を訪ねた。どこでも「よく引き受けてくれた、応援するからよろしく頼む」と言われた。

それから日本橋にある拓銀東京本部も訪ねた。相川常務、上神田隆史企画部長と会い、今後の作業の打ち合わせをした。この段階では何をどうしていいのか誰も分からず、当局も含めて顔つなぎ程度であったが、それでも私は「好結果」と一日を総括した。

この日か、あるいはこの前後、武井頭取は道商連の伊藤会頭とともに上京し、大蔵省の三塚博大臣と山口公生銀行局長を訪問した。三塚大臣はかねてより伊藤会頭と親しい間柄にあった。大蔵省としても北洋をしっかりサポートするというような話をしてくれたようだ。

拓銀破綻三日目、十九日水曜日の朝、宿泊先の東京全日空ホテルのロビーで稚内信金の井須孝誠理事長と出会った。信金業界で拓銀発行の劣後債を保有しているところがあり、デフォルトになりはしないか心配で、大蔵省に行くのだと聞かせてくれた。私はそういう

1997年11月21日の新聞に載せた広告。

問題があるのかと初めて知った。井須理事長と私はともに岡崎嘉平太・元全日空相談役に私淑する兄弟弟子であり、かねて親しくしていたが、「ここで会うとは」とお互いびっくりした。

翌二十日木曜日は北洋の常務会が開かれ、次の三点を決めた。

①動揺している大口のお客様のところへは、両行支店長が一緒に訪問して、拓銀においてある預金は安心である、どうしてもどこかへ移したいならば北洋へ移して欲しい、と頼

止まらぬ拓銀からの預金流出

「全額保護 心配ない」

日銀など あらためて強調

閉店時間になっても、利用者が目立つ札幌市中心部の銀行ロビー＝20日午後3時

拓銀の経営破たんが明るみになって四日目の二十日も、拓銀からの預金流出に沈静化の兆しは見えず、道内各地の銀行や信用金庫、郵便局などの窓口は、口座や預金を移し替える人たちが閉店間際まで後を絶たなかった。同日、日銀札幌支店は「北洋銀行への営業譲渡まで、日銀からの特融は継続される」（大芝芳郎支店長）と預金者に冷静な行動を求め、北洋銀行の武井正直頭取も「拓銀の預金は全額保護されるので全く心配ない」と異例ともいえる呼び掛けを行った。

営業譲渡まで特融継続／抵当証券で誤解

「お客さまは冷静で、特にトラブルはない。しかし、定期預金などの解約は昨日、今日と増えているようだ」と拓銀広報室。銀行関係者は「抵当証券と違って、預金は定期預金も含めて元利全額保証されているのに」と前置きしながら、「たくぎん抵当証券の破たんが人心不安を起こしているのだろう」と預金者の心理を推測する。

「口座の新規開設などの処理が追いつかず、閉店時間を過ぎた午後四時ごろまで店内にお客さまが残っている」と、札幌市中心部の東京三菱銀行札幌支店。待ち時間用のいすを増やしても足りず、立って待つ客も出たほどだった。大通郵便局も、客用に発行する窓口整理券が、通常は一日で二、三百枚台なのに、ここ数日は四百枚台まで増えた。道銀でも窓口を閉める午後三時までに手続きが終わらないケースが出ているという。

道北地方を拠点にする有力信金では、この四日間の預金者が通常より二割増で「年配者が目立つ。老後の資金を移し替えているようだ」という。個人客の増加は室蘭信金（本店・室蘭市）も同様だ。

網走管内の郵便局でも「高齢者が一千万単位のお金を抱えて口座を開いていく。拓銀からの預金移し替えの人は一日十人は下らない」と話す。

北洋銀行の武井頭取はこの日、「拓銀に対する資金供給は、日銀が全額応じることになっており、預金者は安心して、そのまま預けていてほしい。預金者保護の約束は絶対に守られる」と語り、預金がそっくり北洋銀行に受け継がれる今回の措置に、一般預金者の理解をあらためて求めた。

日銀札幌支店長に聞く

「拓銀への預金を心配する必要はまったくない」と強調する日銀札幌支店の大芝芳郎支店長

拓銀の経営破たんに伴い、日銀は特別融資（日銀特融）を発動し、拓銀の預金は金利も含めて全額保護されている。しかし、それでも「本当に預金は戻ってくるのか」という預金者の不安は完全にはぬぐい切れていないようだ。日銀札幌支店の大芝芳郎支店長に話を聞いた。

――拓銀が経営破たんした十七日から十九日までの三日間で、同行の預金は個人、法人合わせて約四千九百億円が流出しました。

「日銀特融が発動されて、預金者に不安に思われるのでは、話が逆です。預金を全額保護するために発動したのですから、安心していただきたい。預金者の一部に誤解があるのではないかと思います」

――何が不安の原因と考えますか。

「たくぎん抵当証券の倒産報道で、抵当証券が一〇〇％保証されていないことが分かり、これが預金者の心配につながった面もあるのではないでしょうか。抵当証券からの連想ならば、預金は全額保護されているので、誤解は取り除いてほしい。公共料金の支払いなどの決済に使っている口座が使えなくなることを心配している人もいるようですが、これも使えなくなることはありません」

――個人定期預金の中途解約が多いようです。

「例えば二年もの、三年ものの定期を中途解約すると、せっかくの利息が普通預金並みの利率に下がってしまいます。預金者にとって決して得なことではありません。預金金利も含めて約定通りにそのまま新しい銀行に引き継がれるのですから、安心してください。企業や地方公共団体の預金についてもまったく同じ。拓銀決済の小切手が使えなくなることもあり得ません」

――仮に、五兆円を超える拓銀の預金が全額引き出された場合、日銀特融で完全に補てんできるのか、という疑問もあります。

「拓銀の融資先企業からの返済などもあるので、預金残高の全額を特融で補てんする必要が生じる事態は想定しづらいですが、理論的には可能です。そういう決意で特融を実行しています」

――日銀特融はいつまで続きますか。

「必要な状況がある限り、北洋銀への営業譲渡が完了するまで続きます」

1997年11月21日　北海道新聞朝刊

むこと。

②北洋と拓銀の間に引継委員会を設置し、両行間のすべての問題を調整すること。当行側は私と中井経営管理部長、斉藤企画課長を指名した。拓銀側は鷲田秀光頭取代行が「拓銀の三つの宝」と面白い表現で、星野尚夫、青山敏彦、檜森聖一の三氏を指名してきた。私は私が引継委員長になると決めた。

③拓銀のお客様に対して「ご安心下さい」というキャンペーンを行うこと。そのひとつは新聞広告である（→P58）。武井頭取が文面を指示した。私が両行頭取の名前は北洋を上にすること、両行のシンボルマークであるキャラクターの北洋「ダッカドゥ」と拓銀「たあ坊」を載せることを提案した。「たあ坊」の出番はこれが最後になった。

キャンペーンのもうひとつは、日銀支店長の談話である。北海道新聞に頼んで、朝刊の社会面に日銀支店長の談話が出るようにした。経済面でなく社会面に出る方が読んでもらえると踏んだ。日銀札幌支店の大芝支店長は新聞記者の質問に答えるかたちで、拓銀預金者に安心してよいとのメッセージを送ってくれた。大見出しに「全額保護　心配ない」とあった。これは十一月二十一日金曜日の朝刊に出て非常に大きな効果があった。

北洋と拓銀の統合作業チーム（引継委員会）のメンバー（1998年）。前列左から中井千尋、私、星野尚夫。後列左から斉藤雄生、檜森聖一、青山敏彦。

引継委員会の設置

十一月二十日木曜日の常務会で、引継委員会の設置を決めたのを受け、翌日の中間決算発表の記者会見でこれを公表した。そして三連休明けの二十五日火曜日から引継委員会を連日開催した。

引継委員会は日々、発生していることについての情報交換のほか、重要な案件についても協議調整した。それまで顔も知らなかった三対三の人間だが、ケンカをすることもなく、気持ちよく共同作業を進めることができた。

引継委員会は議事録を作らない、と私は皆に言った。記録に残すという前提では議論が建前論になり用心深くなる。まして外部に流出すると無用の混乱を招くからである。ＮＨＫからのビデオ撮影の要請も断った。

引継委員会の最初の大きな問題は、北洋が拓銀の職員をどれだけ引き継ぐかという問題であった。北洋側は自分たちの主体性を失うことがないよう、また過剰人員を抱え込むことのないよう、職員の数を決めたいと考えていた。他方、拓銀側は職員をできるだけ多く採用して欲しいと希望していた。

もうひとつの大きな問題は、拓銀の貸出債権の引き継ぎ、買い取りである。道内企業の不安を考えれば早く方向を示さなければならない。しかしこのような破綻処理は大蔵、預金保険当局にとって初めてで、当方北洋にとっても手がかりさえない問題であった。とりあえず私は引継委員会の場では次のような切り分け方針を示した。

① 正常債権はすべて引き継ぐ。

② Ⅱ分類（灰色債権）の引き取りはケースバイケースとする。その判断はクールヘッド・ウォームハート（冷静な頭脳と暖かい心情）でいこう。

③ Ⅲ分類、Ⅳ分類（不良債権）は整理回収銀行に引き継いでもらおう。

問題はⅡ分類を整理回収銀行に送った場合、彼らがどういう対応をするのか分からない

郵便はがき

料金受取人払郵便

札幌中央局
承認

6435

差出有効期間
平成31年12月
31日まで
（切手不要）

0608751

801

（受取人）
札幌市中央区大通西3丁目6

北海道新聞社 出版センター

愛読者係
行

お名前	フリガナ	性別
		男・女
ご住所	〒□□□-□□□□　都道府県	

電話番号	市外局番（　　） —	年齢	職業
Eメールアドレス			
読書傾向	①山　②歴史・文化　③社会・教養　④政治・経済 ⑤科学　⑥芸術　⑦建築　⑧紀行　⑨スポーツ　⑩料理 ⑪健康　⑫アウトドア　⑬その他（　　）		

★ご記入いただいた個人情報は、愛読者管理にのみ利用いたします。

愛読者カード　ある金融マンの回顧　拓銀破綻と営業譲渡

本書をお買い上げくださいましてありがとうございました。内容、デザインなどについてのご感想、ご意見をホームページ「北海道新聞社の本」http://shop.hokkaido-np.co.jp/book/の本書のレビュー欄にお書き込みください。

このカードをご利用の場合は、下の欄にご記入のうえ、お送りください。今後の編集資料として活用させていただきます。

〈本書ならびに当社刊行物へのご意見やご希望など〉

■ご感想などを新聞やホームページなどに匿名で掲載させていただいてもよろしいですか。（はい　いいえ）

■この本のおすすめレベルに丸をつけてください。

高（ 5 ・ 4 ・ 3 ・ 2 ・ 1 ）低

〈お買い上げの書店名〉

都道府県　　市区町村　　書店

■ご注文について

北海道新聞社の本はお近くの書店、道新販売所でお求めください。
道外の方で書店にない場合は最寄の書店でご注文いただくか、お急ぎの場合は代金引換サービスでお送りいたします（1回につき代引き手数料230円。商品代金1,500円未満の場合は、さらに送料300円が加算されます）。お名前、ご住所、電話番号、書名、注文冊数を出版センター（営業）までお知らせください。

【北海道新聞社出版センター（営業）】**電話**011－210－5744　**FAX**011－232－1630
電子メール pubeigyo@hokkaido-np.co.jp
インターネットホームページ http://shop.hokkaido-np.co.jp/book/
目録をご希望の方はお電話・電子メールでご連絡ください。

ところにあった。再建を支援してくれるのか、整理回収してしまうのか、である。整理回収銀行に尋ねても、まだ自分たちも親会社の預金保険機構から指示が来ていないと言うのみであった。

またII分類債権を割引現在価値（DCF）で買い取るという考え方については、十二月十一日木曜日に大蔵省、預金保険機構を訪問したときによい感触を得たので、少し希望が出てきた。ただし北洋の内部で「DCFとは何だ」という声が出てきたので、「百円のリンゴも半分腐っていたら五十円になる」と乱暴に説明したところ、笑いながら理解してもらえた。

なお、拓銀貸出先の動揺に対応するため「拓銀の貸出業務はいままでどおり」と公表してもらい、北洋への移し替えの必要はないのだ、ということを両行現場に徹底した。ただし、その後拓銀に業務管理委員会が設置され、貸し増しには応じない、審査を厳格にする、などの方針が明らかにされた。したがって、実際は「いままでどおり」とはならなくなった。

この頃、私たちは自分のことで精一杯であった。他社のことに目を向ける余裕はなかった。ただその中でも十一月二十四日月曜日に、山一證券が自主廃業を決定した際には驚いた。山一證券は拓銀の主幹事証券会社であり、道内企業も山一の世話になっているところは少なくなかった。しかし、今はなすすべもなかった。

営業譲渡の実務作業に入って預金保険機構との接触が始まった。機構の松田昇理事長は最高検から来た人で怖い人と予想して訪問したが、実は函館市出身で、北海道のことを非常に心配してくれた。理事の松田京司氏と預金保険部長の住川雅洋氏は私にとってはもと日銀の同僚であり、親身に指導してくれた。この拓銀破綻の処理は成功させなければいけないと、こちら以上に真剣で、恐縮するほどであった。

M&Aの教科書

私たちの作業は、受け皿になるとか、引き受けるとか、買収するとか、極めてあいまいな言葉で始まった。しかし具体的に何をどうすればよいのか分からなかった。とりあえず、私は上京の機会に日本橋の丸善に立ち寄り、役立ちそうな米国の書籍を見つけた。

Mergers and Acquisitions, Business Strategies for Accountants,
by Joseph M. Morris et al. (Wiley)

である。この本によれば、まず買収チームを設置すること、その中には法律専門家と会計専門家を入れること、また資金調達のためインベストメントバンカーを入れること、チームのリーダーにはCEOが自ら当たるべきことが大事、とのことであった。

私は早速、北洋の顧問弁護士の山根喬先生に法務面の適任者の推薦をお願いした。先生はこれから預金保険法の適用など前例のない作業になるから、法律、実務、理論のすべてに通じている矢吹徹雄先生がよいとのことであった。矢吹先生は忙しい方だったが無理矢理引き受けて頂いた。早速、一緒に東京の預金保険機構の本部に行ったところ、相手の裁判官出身の担当者がかつて札幌地裁に勤務したことがあり、矢吹先生も旧知で、これは幸先がよいと思った。矢吹先生にはこのあと契約書などのリーガルチェックをして頂いた。

会計専門家は、北洋の監査依頼先である朝日監査法人（現あずさ監査法人）にお願いした。このほかに日本債券信用銀行の田作朋雄氏からも指導を受けた。米国と英国での法務経験の豊かな人であった。

この本の中に恥ずかしながらよく分からない言葉があった。「*Due Diligence*」である。斜体字なのでフランス語かローマ語であろうが、私の辞書にはなかった。文脈からして「監査法人にさせるべき買収対象企業の財務内容の精査・確認」のことだろうと見当をつけた。直感的には「善管注意義務」かなとも考えたが、どうしても適訳を探すことができなかった。しかし今では、金融マンが日常「精査」と言うかわりに「デューデリ（デュー・デリジェンス）」と略して気楽に使用している。

このほか、金融機関の合併はうまくいかないのだという話をよく聞いていたので、あちこちに体験談を聞いて回った。その中では第一勧銀のある役員ＯＢの話は参考になった。大事なことはよく議論する、しかし、どうでもよいことは議論すると感情的になるのでジャンケンで決めてしまえ、というような話だった。

社風の相違

企業はそれぞれの社風をもっている。北洋と拓銀の社風をどう前向きに統合するのか、これはひとつの大きな問題であった。

私は、北洋一色に染めるのは無理だと直感的に感じていた。そこで「北洋でもない、拓銀でもない、新しい銀行を作るのだ」と繰り返し唱えて引継委員会の議論をリードしていっ

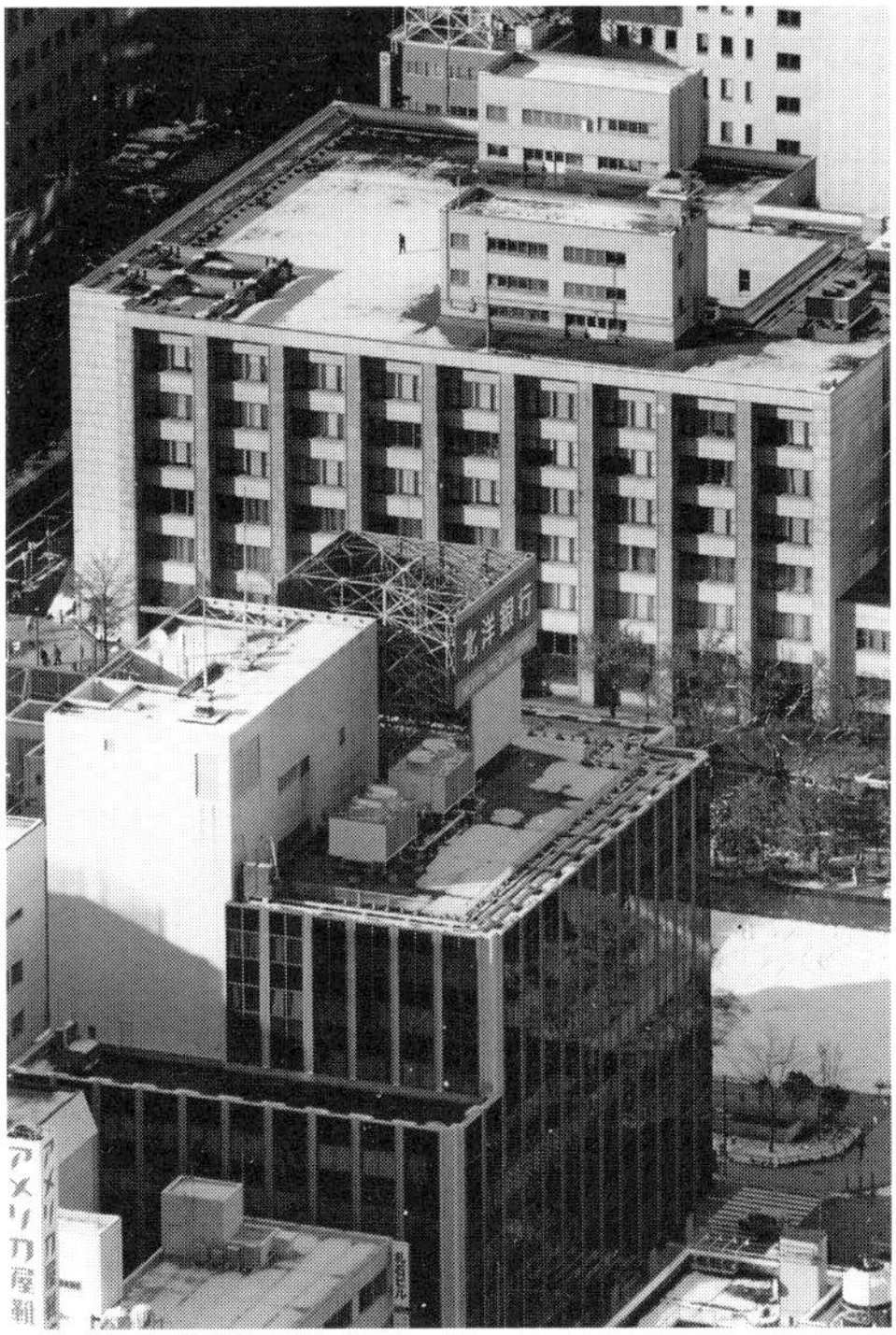

大通公園をはさんで向かい合う北洋と拓銀(奥)。引継作業は急ピッチで進められていた。

た。

引継委員会の場でまず、びっくりしたのは、北洋と拓銀では意思決定の実権者がまったく違うということであった。

北洋では、重要なこと、そしてあまり重要でないことも、すべて常務会に諮り、そして常務会で頭取が最終決断を下す。

これに対して拓銀では、少なくとも日常業務の話は部次長レベルで実質的な判断を下す。そして経営判断にわたる事項でも、このレベルで判断の原案を作り担当役員を通すのだという。

簡単に言えば、北洋はトップ・ダウン、拓銀はボトム・アップである。

私は「現在のように変化が早く激しい時代にはトップ・ダウンであるべきだ」と言い切った。もちろんその前提としてトップが下意上達に配慮していないと、裸の王様になる危険はある。しかし、部下のお神輿《みこし》に乗っかっていては、「変化」の時代への対応が遅れると感じていたからである。これに対する批判として「トップ・ダウンにすると、部下は指示待ちになって、モノを考えなくなる」という声があった。

私は、これに対して「ボトム・アップにしてみろ、今度はトップがモノを考えなくなる。どちらが組織にとって危険か」と言い返した。バブル期の経営者の多くがなぜ失敗したのか、私はここが問題だったと確信していたのである。

引継委員会で業務内容のすり合わせを進めていくうちに、びっくりしたことのもうひとつは、日常使う業務用語が両行の間でかなり違うということである。朝は「朝礼」で共通だが、夕方になると北洋は「夕礼」、拓銀は「終礼」となる。お客様に差し上げる品物は、北洋は「PR品」または「贈答品」、拓銀は「媒体品」という具合であった。私は「始めに言葉ありき」と言ってその統合を指示した。

ふたつの銀行を統合したあと、これまでの北洋系と拓銀系をどう区別して言うかという問題もあった。両行のバンクフラワーにちなんで、「はまなす系」と「すずらん系」を使うことになった。そのときはそれで収まったが、数カ月すると現場ではいつのまにか、はまなすがH系、すずらんがS系になっていた。

十一月二十七日木曜日だった。武井頭取が「拓銀の連中を呼べ」とカンカンになって怒っている。頭取の東京の友人が昨夜、日本橋の拓銀裏にある中国料理店で食事をしていると、拓銀東京本部の職員が大勢で気勢をあげていた。「北洋の軒先を借りて母屋を乗っ取る

日常用語の統一（抜粋）

統一対象用語		統一用語
北洋系用語	拓銀系用語	
渉外係	得意先係	渉外（係）
渉外	実働	渉外
車輌	機動車	車輌
朝礼・夕礼	朝礼・終礼	朝礼・夕礼
通達	発牒	通達
徴求（する）	申受け（る）	申受け（る）
PR品・贈答品	媒体品	PR品・贈答品
もの日	五十日	繁忙日
（貸出）稟議	（貸出）申請	（貸出）稟議
ハイカウンター	クイック	ハイカウンター窓口
ローカウンター	コンサル	ローカウンター相談窓口

のだ」と大声で話していたというのだ。武井頭取は引継委員会に乗り込んできて拓銀側をにらんだ。「拓銀の君たちがこういう考え方では、この先やっていけない」と厳しく叱責した。

その後、武井頭取は北洋の役職員に向かって「俺たちは勝ったのだ」「俺たちは織田だ、桶狭間で二千の軍勢をもって二万の今川の軍勢に勝ったのだ」と言い続けた。

引継委員会は両行間融和を第一に考えたが、他方で絶えず背後から厳しい監視の目にさらされていた。結局、人事を担当してくれた北洋の友原善一郎人事部長と拓銀の星野経営委員の関係がよかったのが幸いした。二人とも大物でうまく両行間の融和を図ってくれた。

穂多木神社

北海道神宮の境内にいくつかの小さい祠《ほこら》がある。そのひとつに拓銀の幹部物故者をまつる穂多木神社がある。合祀者数は八百二十六柱である。

穂多木は「ホタキ」と読む。北海道のホ、拓殖のタ、銀行のギを転じてキを表しているのだという。拓銀が守ってきた神社である。

いつだったか、引継委員会の席で星野委員からこの神社のことで報告があった。拓銀としてはOBとも相談した結果、拓銀が消滅したあとは北海道神宮に将来に渡って守ってもらうようお願いし、了解を得た、ということであった。私たち一同は、ほっとした。

拓銀が所有していた書画、骨董の類は、北洋として評価する能力もないので引き継がないこととし、その旨連絡した。道内の拓銀支店の支店長室や応接室にあった絵画もすべて撤去された。どこも壁に額のあとが白く残った。拓銀は、高価なものは東京の業者に送り、そうでないものは地元の業者に頼んで競売にかけた。

拓銀が所有していた図書や資料の類についても、活用を専門機関に委ねて欲しいと連絡しておいたところ、道立図書館や北海道開拓記念館に引き取ってもらうことになった由であった。

武井頭取の指導

営業譲渡の作業中、武井頭取は肝要なところは自分で押さえたが、そのほかは下に任せてくれた。北洋の日常業務は髙橋副頭取に、営業譲渡業務は副頭取である私と中井経営管理部長に任せてくれた。

例外的に、武井頭取から引継委員会に来た指示の中でなるほどと思ったのは、「拓銀の一融資先で融資額が一億円以下のところは個別審査せず、すべて引き継げ」という話であった。「すべて引き継いでも大した金額ではないだろう。融資先の多くの企業を早く安心させた方がよい」という判断であった。引継委員会はそれがよいということで、すぐ決定した。

一九九八年一月一日の朝日新聞北海道版のインタビュー記事で、武井頭取は女性記者の質問に答えて「拓銀本店ビルは引き取らない」と言ってしまった。「バベルの塔はいらない」という宣言であった。有名な「バベルの塔」にかけて、北海道のバブルの象徴はいらないという心情を吐露したのであろう。

これは行内で事前の相談なく表に出たスクープ記事であった。拓銀本店は建物そのものは古く使い勝手も悪いので価値はないが、土地は駅前通りと大通を交差する市内最高の場所である。当然、確保すべき物件だと私たちは考えていた。しかし、このときは頭取が公言してしまった以上やむを得ないと観念した。

引継委員会で「北洋は引き取らない」と判断した融資案件のうち、企業側の反発が強く、マスコミに窮状を訴えるケースも少なくなかった。武井頭取には個別にこれこれの理由で引き取らないと説明はしておいたが、新聞記者からなぜ引き取らないのかと詰問されて頭取は「あの会社は北洋と文化が合わない」と答えて記者を煙に巻いたことがあった。これはかえって企業を怒らせてしまった。しかし頭取は「相手に対してあなたの会社は財務状況がこういう風に悪いなんて言ったら失礼ではないか」と笑っていた。

武井頭取が辛口の評論家、佐高信氏と対談したときのことは今でも行内でよく話題になる。その少し前に北海道経済同友会が佐高氏を招いて講演会を開催したが、このとき、佐高氏は例の歯に衣着せぬ語り口で、バブル批判、銀行批判を展開していた。拓銀の影響下にある同友会が拓銀の講堂を借りて銀行批判の講演をさせるとはセンスがないと笑ったのであった。

その佐高氏と武井頭取との対談の話が来たということで、周囲では大変心配した。結果的には案ずるより産むが易しで、佐高氏は武井頭取を「バブルに踊らなかったバンカー」として高く評価してくれるようになった。

私たちは左派の佐高氏と右派の武井頭取がなぜうまくいったのか興味津々であった。何のことはない、武井頭取は面談の冒頭「佐高さんは魯迅が好きだそうですね。私も彼の小説や評論を読んでいます」と語りかけたらしいのである。北海道の田舎の銀行頭取が中国の小説家、魯迅を読むと聞いて、佐高氏はびっくりすると同時に親近感をもってくれたのである。

業務統合後に向けて拓銀出身者たちにも武井流の融資哲学を知ってもらう必要があった。その哲学はどこかに書いてあるものではない。武井頭取自身が「企業については、まずその沿革と経営者の人物を調べるところから始めなくてはならない」と繰り返し語っていた。

武井頭取はさらに、三億円以上を融資する企業の案件については融資稟議書をすべて頭取に回し、決裁を仰ぐようにと命じていた。だが、拓銀の融資先も加わるとさすがにそれは無理になった。頭取決済は「十億円以上」「五十億円以上」と基準を切り上げさせてもらった。

武井頭取は関連会社への融資については特に神経をとがらせていた。バブルの時期に北洋の関連会社も融資を増やしたがったが、頭取は各社に対する銀行本体からの与信は上限百億円と抑えていた。それでリスクをコントロールしたつもりでいたが、関連会社はほかの銀行からも資金を借り入れて融資を増やし、それがすべて不良債権になっていたという苦い経験があったのだそうだ。

武井頭取は、道経連の戸田会長、道商連の伊藤会頭から信頼されていた。それは営業譲渡作業に対して強い支援になった。私なりに評すれば、

「理論の戸田、行動の伊藤、戦術の武井」

すばらしい組み合わせであった。

拓銀からの営業譲渡という大事業は武井頭取であったからこそ実現できた、というのはすべての関係者の認めるところであろう。頭取は陸軍航空士官学校卒、慶応大学卒の学歴だが、どう見ても慶応ボーイというより士官候補生という方がぴったりであった。

頭取は北海道功労賞も国の叙勲も辞退していた。のちに私たち部下は頭取の功績を何とか表に出したいと思い、有志で文集を作って贈ろうということになった。檜森常務が皆から作文を集め、「武井会長と私」という表題の立派な文集を仕上げた。頭取は大変喜んでく

れた。

武井頭取の数多い引用成句のひとつに、中国の古典「史記」の中の「周の粟《ぞく》を食《は》まず」という一節があった。利があっても義のないことをしてはならないという意味だが、私たちはよくこの話を聞かされた。武井頭取のバブル期のバックボーンはこれだったに違いないと思った。

第４章　営業譲渡に向けて

雇用問題

引継委員会では、営業譲渡時期を一年後の秋と決めた。当局から示唆された時期に従っただけで、深く考えることもなかった。

北洋側からは、将来の店舗統合を展望して拓銀の低採算店舗を前もって閉めておいて欲しいと求め、それに対して拓銀側から二十五カ店を営業譲渡前に廃止するとの約束をもらった。

さらに私は統合後の銀行の規模から逆算して本体で千五百人程度、別途関連会社で五百人程度しか採れない、と厳しめの線を伝えた。

拓銀破綻早々、ＩＢＭが拓銀のシステム部門を子会社も含めて買い取りたいと拓銀に申し入れてきた。続いてＪＣＢが拓銀のクレジットカード子会社を買い取りたいと拓銀に申し入れてきた。拓銀はこれらに応じればその分雇用が確保できると考え、北洋も了解の下、売却に踏み切った。

続いて男性職員の中には自分で新しい職場を見つけて転進を図る者も出てきた。

ひとつは外銀、外証など当時拡大を図っていた企業への再就職である。もうひとつは道内で拓銀向け緊急求人を始めた、道庁、道警、ＪＲ、マスコミ、拓銀取引先企業への再就職である。確かに北海道内では拓銀は人材の宝庫であり、個人的に地縁人縁で声のかかってくることも多かったようだ。本州部分は翌年一月に譲渡先が中央信託銀行と決まったが、それまでは職員の不安が広がり、支店長たちが窮地に陥って気の毒であった。

いつの頃だったか忘れたが、引継委員会の席上で拓銀側から北洋の給与体系を開示して欲しいとの希望が出された。拓銀職員が北洋に行きたいか、中央信託に行きたいか、あるいは整理回収銀行に行きたいか、希望をとるのだという。そしてそのため受け皿の待遇を示さなくてはならないというのだ。北洋は第二地銀の給与水準であって劣勢は明らかであった。北洋としては、それでよければ北洋へどうぞ、というぐらいの気持ちであった。

拓銀の職員を対象にした再就職希望先の調査では「北洋に行きたい」との希望が多かったらしい。北海道出身者が残りの人生を郷里で過ごしたいというのはよく分かるケースである。他方、本州出身だが若いときに北海道に勤務して北海道の女性と結婚し、いま本州に勤務しているというようなケースの場合も、残りの人生はやはり北海道に行こうとなるらしい。思うに家庭内での夫人の発言力が強いのであろう。

なお、今回の統合は、合併でなく営業譲渡であるから、本来的には北洋側が採用権限を持っていたのだが、個別の選考は拓銀側に任せた。そこで、拓銀では星野尚夫経営委員や富山秀春人事部長が苦労をして振り分け作業をした。本人への説得は大変だったに違いない。北洋に転ずる職員をすべて道内に転勤させ、中央信託に再就職する職員は本州に転勤させた。

最終的に北洋による拓銀店舗の引き取りは百九店舗となった。銀行本体の職員採用は千九百三人を数えた。別途、パートや関連会社職員の採用がかなりあり、北洋としては余剰人員を抱える形となった。そのため、このあとの新卒採用を大幅に削った。人事の断層ができるが仕方がないと目をつぶった。なお、中央信託へは五十九店舗、職員約千二百人が移ったと聞いた。

北洋に来ることになった職員についてはその処遇の問題があった。とりあえずポストは現在のまま、ということにした。給与表のあて込みはその時点でのポストと年齢をベースに機械的に進めた。その結果、男性職員はほとんど給与減少となった。ところが、女性職員の場合は年輩の非役付の部分で給与増加となったようだ。これは北洋には拓銀のような総合職・一般職の区別がなく、実質的に男女平等賃金になっていたからであった。

銀行貸出債権の区分

債務者区分	正常先	業況は良好、財務内容に問題なし
	要注意先（一般）	業況が低調または財務内容に問題あり
	要注意先（要管理）	要注意先のうち延滞債権や条件緩和債権
	破綻懸念先	経営破綻に陥る可能性がある、例えば実質債務超過（通称ハケ）
	実質破綻先	法的には破綻していないが再建の見通しがない状況（通称ジッパ）
	破綻先	法的に経営破綻している、例えば破産、民事再生、交換所取引停止など
債権分類	Ⅰ分類（非分類）	回収、価値毀損の危険性がないもの
	Ⅱ分類	回収について、通常の度合いを超える危険性があるもの、分類債権中、担保の入っているもの
	Ⅲ分類	回収について重大な懸念があるもの
	Ⅳ分類	回収不可能または無価値

貸出債権の引き継ぎ

拓銀破綻の当初、世間の関心は「自分の預金は大丈夫か」という点に集中した。それが、一週間ほどすると関心は「拓銀から融資を受けている企業は大丈夫か」という点に移ってきた。

一九九七年十二月五日、融資第一部審査課の柴田龍主任調査役が引継委員会に拓銀の融資一覧表を持ち込んできた。道内の三億円以上の融資をリストアップした資料である。A三判で十センチほどの厚さがあった。

この融資一覧表（九七年十月末残高）は、Ⅰ分類（非分類・正常債権）、Ⅱ分類、Ⅲ分類、Ⅳ分類の、四つの査定区分別に整理してあった。

驚いたのはⅢ・Ⅳ分類の融資先である。

まず、拓銀の関連会社がずらりと並んでいる。ティーエーシーティー、たくぎん抵当証券、たくぎんファイナンスサービス、たくぎん保証、たくぎんキャピタルなど。拓銀の別働隊としてずさんな融資をしてきたことが分かる。次に、カブトデコム、リッチフィールド、エイペックス、ローレイ、アワジ商会、もりに商事、ミッテルなどがある。さらにタウナステルメ、ナカムラ興産のグループが続く。いずれも大口融資先の案件であった。

このうち、たくぎん抵当証券は十一月十八日に自己破産した。また、たくぎんファイナンスサービスは十二月五日に特別清算を申請した。引継委員会で何の議論もしないうちにテーブルの上から消えてしまった。あれよあれよ、という感じだった。

大蔵省からは、正常債権（Ⅰ分類・非分類）は北洋が引き継ぐ、不良債権（Ⅲ、Ⅳ分類）は整理回収銀行が引き継ぐ、と説明されていた。したがって不良債権については心配しないで済んだ。しかし、その中間のグレーの部分（Ⅱ分類）をどうするかについては指示はなかった。つまり、北洋が肩代わりするのか、整理回収銀行が引き取るのか、である。またこれら企業で当面の追加融資が必要になった場合、誰が出すのかという問題もあった。引継委員会は休日返上でこれらの問題を検討した。私たちとしては、II分類債権は割引価格で買い取ることが認められるならば、なるべく多く引き取ろうと覚悟していた。

一九九八年一月に入って北洋は拓銀貸出債権の買い取りについて、大筋の方針を決定したが、この頃は、II分類が大問題になるとは想像もしていなかった。

私たちは割引現在価値による買い取りについて当局との間で議論を進めた。これがうまくいけばII分類を引き取る範囲が広がる。しかし、その方法論が固まらないうちに、道内では自分の会社がどうなるのか、北洋が早く考えを示して欲しいという声が強まった。

一九九八年二月になるとII分類の扱いが社会問題化した。私たちは、そこで「一融資先一億円」までは原則、すべて買い取りし、一億円超についてもできる限り幅広く買い取ると発表した。ただし、買い取りの対象は道内企業で、三年以内に再建が可能な企業とした。融資面で関係金融機関の協調が得られることも前提とした。

二月十二日、自民党の北海道金融不況対策小委員会(持永和見委員長)が東京で開催された。この席で道庁の代表が要望事項というメモを配布し、その中で拓銀のII分類企業がほとんど残らず北洋に引き継がれるよう割引買取を認めて欲しい、と述べてくれた。

二月から三月にかけて当局との間でII分類債権の買い取り方式についてさらに議論を進めた。この過程で、貸出債権の割引現在価値による買い取りは日本の会計制度上にないとの指摘が出てきたが、それでは割引現在価値で買い取るのではなく、簿価と時価の差額分の引当金を国が出してくれた上で買い取る形式にするということで落着した。ほっとした。

北洋の融資部門は九八年の年初の段階で釘本光治常務、宮間利一融資第一部長が見ていた。彼らは北洋の日常審査業務に加え、膨大な拓銀債権の買取・非買取の判断業務を担うことになった。これは容易ならざる作業であった。

それまでの北洋の審査は単純化していえば、「危なくないか、危ないか」を見るのであって、「少し危ないのか、かなり危ないのか」を見るものではなかった。つまり、倒産確率とか、引当率を正面から議論したことはなかったのである。

他方、拓銀の融資部門は青山敏彦経営委員が率いていた。一件ごとに北洋側に説明をする手間もさることながら、北洋側の反応が遅れがちだったので、現場の支店長との間で苦しんでいたようだ。

買取・非買取の通告は、Ⅲ、Ⅳ分類と非分類については三月末までの段階でかなり進んだ。Ⅲ、Ⅳ分類は、拓銀の関連会社や不良債権隠しのペーパーカンパニーなど、最初から問題にならない融資先が多かったからである。非分類は大小さまざまな優良先であり、原則買取であったが、北洋の体力との関係で一部他行に振り向けを要請するケースもあった。これらの融資先からは不満の声が上がった。

世論は北洋に対して厳しかった。「良いとこ取り」「決定が遅い」「拓銀の代わりをする能力がない」など、散々であった。「道なき場所に道を切り拓いている」状況であったが、とにかく前へ進まなくてはいけないと私は融資部門にハッパをかけた。

七月三日、自民党小委員会が開催された。今回も私が武井正直頭取の代理として出席した。委員会の雰囲気としては、Ⅱ分類先はすべて社会政策的観点から引当金を積み増しして北洋と地元で引き継いで欲しいということであった。

七月頃から日本長期信用銀行の信用不安が広がった。北海道内には拓銀と長銀が協力して支援している企業が少なくない。特に観光関連である。これらの企業の先行き不安が拡

北洋による拓銀道内貸出債権の引継額 (単位　億円)

	引継	引継困難	合計
正常先債権	14,000	400	14,400
第Ⅱ分類債権	2,700	900	3,600
第Ⅲ・Ⅳ分類債権	0	14,400	14,400
小計	16,700	15,700	32,400
個人ローンなど	2,100	300	2,400
総計	18,800	16,000	34,800

※1998年11月16日現在、整理回収銀行からの買い戻しを含む

大し、北洋による拓銀債権の引き継ぎも予定どおりに進むのか、と懸念する声が出てきた。長銀系の日本リースに対して融資をしている道内金融機関や日本リースから借り入れている道内企業についても心配が広がった。

金融業界全体がパニックに陥っていた。どこも新たなリスクは取りたくないという姿勢であった。

十月の段階で、預金保険機構への申し込みの期限が来たが、貸出債権の買い取りについて決着のついていないものが残った。やむなくそれらはすべて買い取らず、整理回収銀行に対応を委ねるとした。しかしその後、再建計画を審査し、他行の協調体制も見て、やはり北洋で引き継ごうと変更したものも少なくない。

こうしてテンヤワンヤのうちに迎えた十一月十六日、拓銀の道内貸出三兆四千億円のうち、整理回収銀行行き

が一兆六千億円、北洋が引き継いだものが一兆八千億円であった。

地崎工業と丸井今井

拓銀の大口II分類債権のうち、引き継ぐかどうかで社会的関心を集めたのは二社。建設業の地崎工業と百貨店の丸井今井だ。いずれも札幌市に本社がある著名な企業であった。まず、地崎工業はバブル期からの巨額の借り入れと不稼働不動産を抱える、財務内容の悪い会社であった。しかも、拓銀の地崎向け融資は六百四十億円。北洋一行で継承するにはあまりにも大きすぎる規模であった。

それでも、地崎は北海道最大の建設ゼネコンだった。地域経済維持のためにも守っていかなければならないと、各方面から強いプレッシャーを受けた。

北洋としては、肩代わりも追加融資も倒産リスクを織り込んだ十分な引当金をもらわなくてはならないと主張した。また、引き受けはするとしても北洋単独ではなく、ほかの取引銀行も含む協調体制にしてリスクを分担して欲しい、と強く要望した。

一九九八年六月、建設業の資金需要期に入って地崎の資金繰りが行き詰まった。このときには先行き北洋が引き継ぐという念書を入れて、拓銀から三十億円出した。七月も、そして八月も同様に資金繰り融資を続けた。九月になっても地崎の資金繰りは苦しく、銀行間協議も進展せず、再び次の決済日をどうするかという問題になった。

自民党の小委員会が大蔵省、道庁、当行、道銀に呼び出しをかけてきた。九月十一日、関係者が順々に呼び込まれた。そしてこの日、道銀が地崎支援への参加を表明した。これによって銀行間の調整が一気に進んだ。

私は六月から九月までの一連の会議に武井頭取の代理として出席し、各方面との折衝に当たった。そしてもみくちゃになりながら、地崎が政治銘柄であることを嫌というほど認識させられた。

その後、地崎工業は必死に経営努力したものの、景気低迷、公共事業減少、地価下落で業績悪化が止まらず、最終的には二〇〇四年四月、私的整理に関するガイドラインに基づく事業再生を実施して、札幌市に本社がある岩田建設の傘下に入った。

丸井今井のメイン銀行は拓銀だった。北洋は長年、取り引きを希望していたが、冷たく断られていた経緯があった。丸井今井はバブルの頃、本業の百貨店業にとどまらず多角化路線を急速に強めた。拓銀がブレーキをかけたにもかかわらず、ほかの都銀などを頼って多角化を進めた。そのため、拓銀との関係も非常に悪化していた。

一九九七年十一月十七日の拓銀破綻のあと、十二月十六日、丸井今井の臨時取締役会は今井春雄社長の解任と柴田哲治専務の社長昇任を決定した。積極路線ゆえに、資金繰りが窮屈になり、切羽詰まった状況にあったようだ。

当行として拓銀の貸出四百億円をそのまま肩代わりすることは困難であり、分散してもらう必要があると考えていた。九八年二月に道銀が当面の新規融資枠を設定し、さらに役員も派遣して、丸井今井の支援に乗り出した。その後、北海道庁も積極的に関与し支援のための協議を進めたが、営業譲渡時点には間に合わず、拓銀の債権はいったん整理回収銀行に引き継ぐ結果になった。

九九年八月、整理回収機構の中坊公平社長が札幌に来たとき、機構は拓銀から引き継いだ債権三百五十四億円のうち百七十八億円を債権放棄すると宣言した。これを受けて金融機関としては、道銀、北洋、道内九信金、安田信託銀行、商工中金が入って協調融資体制を整えた。ちなみに、整理回収機構は、整理回収銀行が同年四月に住宅金融債権管理機構と合併して発足したものである。

丸井今井の経営はその後、景気低迷や大丸の札幌進出に加え、道内の地方店の販売不振、減損会計の導入などの影響から、再建が思うように進まず、紆余曲折の末二〇〇九年一月、民事再生手続きによる事業再生を行い、三越伊勢丹の傘下に入った。

ネクステップと上光証券

引継委員会はものごとを「エイヤー」と処理していかなくてはならない。そういう雰囲気の中で拓銀関連会社は、銀行業務上必要なビジネスサービスのような会社を除き、一律引き取らないという線引きをした。

ただ、関連会社のひとつにタクトという不動産所有・仲介の会社があった。ここは相当規模の不良債権を抱えていたので、北洋は引き取らないと決めていた。ところがこの会社の中の仲介部門の人たちが独立して新しい会社を作ると言ってきた。江村正氏がその中心人物であった。会ってみると誠実で仕事を大事に考えていることが分かった。市内の不動産地図も持っており、すぐにでも営業できる由であった。北洋に出資はお願いしないが、北洋の了解の下に会社を興せば信用が得られるとの話であった。私は市内の建設業者に意見を聞いた。かつてタクトの仲介部門は便利な存在だった、それが新生・北洋をバックにした仲介業者に生まれ変われば大変ありがたいとの反応であった。私は常務会で説明し、応援することを決めた。

彼らは社名「ネクステップ」、不動産売買仲介業としてスタートした。整理回収機構所有（つまり拓銀不良債権）の不動産の売却を請け負い、すぐ黒字経営になった。また北洋支店の駐車場の機械管理を請け負うなど固定収入を確保した。見事なものであった。

別の関連会社、上光証券についても思い出がある。もともとこの会社のオーナーは上光一族であったが、拓銀から山本實元常務が社長として入っていた。ブローカー業務に徹していたので不良債権はないが、後ろ盾の拓銀が破綻したことで不安定な状況に置かれた。私は北洋の将来を考えると親密証券会社を持つのも悪くないと考え、これもまた常務会を説得して、拓銀所有の上光証券株を引き継ぐことに決めた。

拓銀最後の支店長会議

一九九八年十一月二日、拓銀最後の支店長会議が札幌市の荒井山にある研修会館で開催

1998年11月2日の拓銀最後の支店長会議。壇上右から私、鷲田頭取代行、星野、檜森、青山の三経営委員。

された。講堂の壇上には鷲田秀光頭取代行と星野尚夫、青山敏彦、檜森聖一の三経営委員が座った。私も招かれて壇上に座った。出席した支店長は、この先北海道に残って、北洋に転職する予定の者のみである。

まず鷲田代行の講話があった。あと二週間で自分のもとから去っていく部下への語りかけは沈痛なものであった。新しいところで頑張って欲しいというような趣旨であった。

私にも挨拶の機会が与えられた。私は壇上に立って、まずこの一年間の鷲田代行のご苦労に感謝の気持ちを述べた上で、支店長たちに一緒に感謝の拍手を送ろうと呼びかけた。皆が気持ちを込めて大きな拍手をしてくれた。私は、歓迎とか気持ちの切り替えとか文化の融合とは言わなかった。「二十一世紀の新しい銀行を一緒に作ろう」と呼びかけた。

私が退席したあと、鷲田代行は再び話をしたらしい。「拓銀が破綻に至ったのは憤慨にたえない。企画、人事、組合を牛耳る一部のエリートが今日の事態を招いた」と激しい口調で嘆いたと、後日、私は知った。

営業譲渡の日

一九九八年十一月十六日月曜日、北洋は、武井頭取がじきじきに練った次のような挨拶文を発表した。

新生・北洋銀行の出発に当たって

平成一〇年十一月十六日

十一月十六日、北洋銀行は北海道拓殖銀行の北海道における業務を引継ぎ、新生・北洋銀行として新たなる第一歩を踏み出しました。

惟《おも》えば、昨年十一月十七日拓銀破綻という予期せざる事態に対処し、北海道経済の混乱回避と信用秩序維持のため、これまた「天の命」として非常の措置をもって業務の引継を決断。その後ちょうど一歳月、両行役職員一同これが承継業務に取組み、本日無事完了致しましたことを道民、取引先各位にご報告申し上げます。

この間、皆様には何かと不便をおかけし、また不行届の点も多々ありご叱声をいただきましたが、何卒御寛恕の程お願い申し上げます。

—二十一世紀への一大転換点に立って—

政治、文化、経済、金融などありとあらゆる社会制度は、二十一世紀へ向けて競争的市場経済原理のもと一大転換点に立っております。なかんずく、金融においては不良債権問題など課題も多く二〇〇一年四月からのペイ・オフも視野に入れて、都銀をはじめ世界的規模でその再編成が進みつつあります。

文化は、異なる文化の交流によって進歩すると言われます。新生・北洋銀行は、北洋、拓銀の両文化の良きを取り悪しきを捨てて、新たなる企業文化を作り出し、今後役職員一同「試される大地」としての北海道経済発展に心を新たにして取り組んでまいる所存であります。(以下略)

北海道新聞

夕刊

北海道新聞社

新生・北洋銀スタート

預金・貸出量で道内首位に

武井頭取「拓銀の役割継ぐ」

朝礼に集まった450人ほどの北洋銀本店役職員に訓示する武井正直頭取
＝16日午前8時30分

本道発展に寄与を
堀知事

拓銀債権
状況に応じ返済猶予も
整理回収銀社長が会見

0120-464-104

1998年11月16日　北海道新聞夕刊

新生・北洋銀行の営業初日（北洋大通支店・旧拓銀本店）。この日の北海道新聞の見出しには「心機一転　静かな船出　ようやく前向きに」

この日の早朝、東屯田センターでシステム連結立ち上げ式を行い、私がサービス・インのボタンを押した。午前中、武井頭取が記者会見を開き、“My work is done.”と感想を述べた。J・S・ミルの言葉で、「自分の任務は終わった」という意味だ。大事業を成し遂げたという感慨がにじみ出ていると思った。営業時間終了後、関連会社の北洋オフィスサービスでの勘定の突き合わせがうまくいっていないという報告があった。為替の受け払いの経理が混乱しているようだ。勘定を仮締めして一日を終えた。結局すべてを解きほぐしたのは、二十四日火曜日になった。

営業譲渡の経理

営業譲渡を前に、その経理処理について預金保険機構から説明を聞いたとき、私たちは「なるほど、そういうものか」という思いであった。

手続きは、まず救済銀行である北洋と中央信託銀行が預金保険機構に対して金銭の贈与一兆七千九百四十七億円を申し込むのだという。これは、営業譲渡に当たって拓銀が不良債権の引当金を積むなどバランスシート（貸借対照表）を時価ベースにしてみると、大幅な債務超過になる。そこでその債務超過に相当する金額を「贈与」として救済銀行に注入してくれるということらしかった。こちらからすればこれは「補塡」であり、「贈与」という言葉を使われることには違和感があった。しかし、制度がそういう作りならまあ仕方がないか、という思いであった。

新北洋の概要　（単位　兆円）

	北洋部分	旧拓銀北海道部分	合計
貸出金	1.8	1.8	3.6
有価証券	0.4	0.1	0.5
預金	2.0	2.5	4.5
従業員数	1,943	1,903	3,846
店舗数	122	109	231

北洋銀行および中央信託銀行による
北海道拓殖銀行の営業譲受に係る資金援助スキーム図

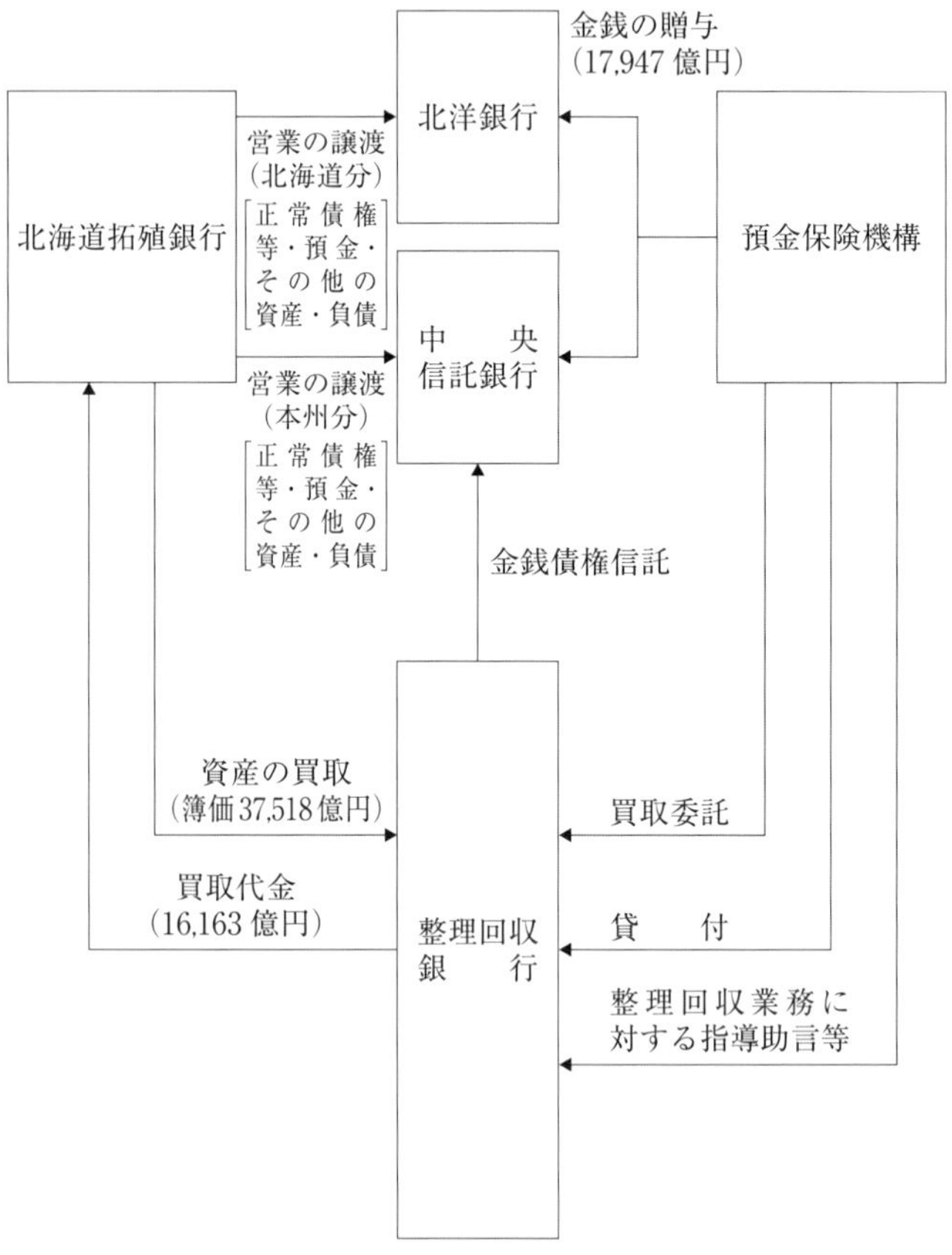

こちらとすれば、預金保険機構が拓銀のバランスシートを資産と負債をトントンにした上で救済銀行に引き渡してくれるのではないか、と予想していた。しかし、実際は救済銀行である北洋が資産・負債を引き取るとともに、預金保険機構から債務超過の穴埋めを贈与として受け取る。その後、整理回収銀行に不良債権を売却して代金を受領する、そして拓銀が借りた日銀特融を返済する、という段取りであった。妙な気持ちであった。この複雑な経理処理は大井康光主計課長のチームが見事にやってくれた。まるで手品のようであった。

第一回目の増資

北洋の総資産は、一九九七年三月末現在で一兆八千億円。株主資本六百二十四億円、劣後ローン二百五十億円、合わせて八百七十四億円、自己資本比率は8・4%であった。しかし、北洋として拓銀を引き受けるとなると、予想される総資産の増加約三兆円に見合う自己資本を用意しなくてはならない。

そこで、私たちは、統合後三年分の総資産の拡大も織り込んで、この際一千億円程度の自己資本増強を図ろうと考えた。拓銀から買い取る資産はその日から利益を生むわけであり、増資に対する利益は十分上がると自信を持っていた。

ところが、この頃は金融不安の真最中であり、株式市場も公募増資のできる状況ではなかった。そこで北洋の大口株主に対する第三者割当増資として七百億円を考えた。

年明け後、経営管理部の幹部とともに大口株主を訪問した。筆頭の安田信託銀行では「筆頭株主に連絡もせず営業譲渡を決断した」ことについての咎めを受けた。拓銀は北洋の第二位の株主だったが、破綻した以上は増資に応ずることはできない。むしろ、すでにもっている北洋株をこれから市場に売却するのだと言った。

そのほかの大口株主の銀行や生保会社も役員クラスが会ってくれたが、反応は芳しくなかった。彼らはすでに保有していた拓銀株で大きな損失を受けていて、北海道がらみの案件を不安視しているように見えた。

しかし生保各社の北海道支社が強い口添えをしてくれた。北海道地区での営業上、必要という理由付けで、日生、三井、明治、第一の四社から各百億円が出た。この金額は北洋の発行済株数の各10％に近い水準になるので、各社にとって一銘柄リスクがかなり大きい。のちのち私はこのときの売渡価格一株四百五十円を決して忘れるな、決してご迷惑をかけるなと、念仏のように言い続けて経営に当たったのである。

生保四社は私自身が対応したが、そのほかは役員で手分けしてお願いに回った。地元では北海道電力が百億円出してくれた。北洋支援の強い信念によるものであり、伊藤組グループの八億円、ＪＲ北海道の五億円とともに忘れられない。

また、第三者割当増資とは別に、拓銀が北洋株を市場放出した際に買いに入ってくれた企業にも感謝しなくてはいけない。こうして九八年十二月八日、七百二十六億円の払い込みを受けて九九年三月の自己資本比率を7・27％にすることができた。

コンピューターシステムの統合

営業譲渡の作業と平行して私たちは、北洋と拓銀のシステムを統合するための勉強をしていた。

この勉強を始めてすぐ分かったことは、拓銀側の口座数が北海道内だけで四百万、北洋が二百万。拓銀のシステムが桁違いに大きいということであった。これは予想外であった。拓銀には個人預金者がことのほか多いことに改めて気付かされた。

次にシステムの性能は、北洋サイドは相当長い間レベルアップをしていなかったので、いろいろ遅れている点があった。まず、コンピューターを動かすプログラムが継ぎ足しにつぐ継ぎ足しの状況になっていた。また、プログラム言語も一世代古い言語だった。支店の業務と本部の業務を日中同時に処理する機能も弱かった。

この間、拓銀側のＩＢＭと北洋側の日立からは積極的な売り込みがあった。しかし、ユニシスだったと思うが、自分のところは提案しない、このようなケースの場合には片寄せするのが常識であるという話があった。この最後の話が私たちにとっては非常に強烈なインパクトになった。

一九九八年三月から四月の段階で事務管理部の若林正人部長と出倉正浩課長から、拓銀システムへの片寄せを早急に始めるべきだとの直訴が来た。

拓銀のシステムを使う方が、時間、費用、リスク、すべての点でよいという説明があった。斎藤和男、松本明などシステム部内のほかの幹部も同意見であった。そこで現場がそう言うのならと、拓銀側のＩＢＭの話を具体的に聞いてみることにした。

五月の連休明けにＩＢＭの金融営業担当の平野光彦氏が部下を連れてやってきた。「北洋新システムのご提案」という資料を配り、ＩＢＭ流の整然とした説明を始めた。拓銀のシステムが北洋のシステムに比べ、いかに優れているかを滔滔《とうとう》としゃべった。そして北洋システムを拓銀側に片寄せするのがよいと私たちを説得しようとした。私は聞いているうちに、自分たちが長い間大事に使ってきた日立のシステムを馬鹿にされたように感じて口惜しくなった。そして同時にそれでも自分たちのシステムを捨てて拓銀側に片寄せしなければならない現実を知り悲しくなった。

それにしてもこの資料の題名は何だ。「北洋新システム」とは名ばかりで「拓銀システム」を売り込んでいるだけではないか。私は急に怒りを覚えて「これ以上話を聞きたくない」と、ＩＢＭの営業マンたちを追い返してしまった。

北洋が自分のシステムを捨てるということは、北洋のシステム関係の人間が失職するということである。そしてすべての本支店職員が事務手順と端末機操作をゼロから勉強しなおすということである。さらにすべての北洋のお客様に口座手続きをやり直していただく、通帳を切りかえていただく、ということでもある。長い間面倒をみてくれた日立の人たちにも気の毒である。なぜ救済銀行のこちら側がこんな苦労をしなければならないのかという思いが北洋全体には強かった。

システム統合に向けて預金端末の操作を練習する北洋と拓銀出身の職員たち（1999年11月）。

しかし、ＩＢＭを追い返してみたものの、どうしようもなかった。決断のタイムリミットも迫っていた。営業譲渡は十一月に完了し、次はシステムの統合、支店の統合というスケジュールが待っていた。結局、十二月になって泣く泣く「拓銀側への片寄せ」という判断を下し、そこから大仕事が始まった。

システム統合は、まず第一に「ファイルの移行」が必要である。北洋のコンピューターに入っているすべてのデータを拓銀のコンピューターに移すという作業だ。

第二に北洋の店頭端末機とＡＴＭをすべて拓銀仕様のものに切り替える必要がある。第三に北洋のお客様の通帳を全部、拓銀仕様に変えなければならない。ＡＴＭについては拓銀仕様のＡＴＭを四百五十台準備し、店頭端末機は五百六十台用意した。

次に職員の研修の問題があった。北洋側の職員が拓銀仕様の端末操作に慣れておく必要があり、事務の流れ、勘定の締め上げなども覚えなければいけないため、事前に相当の研修を実施した。指導員は各地の相対する拓銀の店舗、あるいは本部から送るなどして徹底的に練習させたが、大変な苦労であった。木澤信雄専務が病身にもかかわらず陣頭指揮をとってくれた。

二〇〇〇年五月二日、火曜日の夕方、通常の銀行業務を早く切り上げて統合作業を始めた。そして六日土曜日、朝八時にＡＴＭの土曜稼働をスタートした。無事スタートしたあと、ＩＢＭ、日立、富士通の代表を迎え、システム統合委員会の全員が出席して、ささやかなセレモニーを行った。お客様には特別に旭川から取り寄せた木彫りのフクロウをお土産に用意した。

カットオーバーのセレモニーの場で、私は次のように挨拶した。

営業譲渡から１年半、システム統合完了のテープカット。
左から髙橋副頭取、武井頭取、私。

「本日、新生北洋銀行の統合コンピューターシステムが立ち上げの運びとなりました。思えば二年半前に北海道拓殖銀行が破綻し、北洋銀行が急きょ営業を継承することとなりました。準備期間一年をかけて形の上で統合を果たしましたが、さらに一年半をかけてコンピューターシステムの統合を成し遂げ、晴れて実質的にもひとつの銀行になりました。本日は新生北洋銀行の実質的スタートであるということに加え、北海道の新しい金融インフラストラクチャーが完成したという特別の意義を持つ日でもあります」

北洋のシステム統合はコンピュー

ター業界では大きな話題となった。『システム障害はなぜ起きたか―みずほの教訓』という日経BP社の本の中に、北洋の成功例の紹介があった。それを読んだ経済産業省の経済産業研究所の鶴光太郎上席研究員は、「自分の仕事がなくなることを承知でこうした進言をした担当者と、自行の顧客と職員に負担をかけることを承知で腹をくくった経営陣」のことを考えて、「思わず目頭が熱くなってしまった」と、ある書評の中で述べてくれた。面識もない方から高く評価されたのは望外の喜びであった。

第5章　新しい北洋銀行

北洋頭取に就任

一九九九年十月三十日の北海道新聞に「武井退任、後任高向」との見込み記事が出た。翌二〇〇〇年六月二十九日の株主総会は平穏に済み、その後私は正式に頭取に就任した。地元の「道新ＴＯＤＡＹ」誌の二〇〇〇年七月号が私を紹介する記事を書いてくれた。「小が大を飲み込む」のは武井正直頭取のリーダーシップなくしては困難だったが、組織の融合の段階で高向が頭取に就くのは「はまり役」だと評してくれた。

さて頭取に就任した私の前には大きな仕事があった。第一に、札銀との持株会社方式による統合であった。第二に、北洋と旧拓銀の間の実質的統合を進めることであった。第三は、経営困難に陥っている融資先企業の事業再生であった。

頭取に就任して間もない七月十四日に営業店長会議を開催した。出席の役職員が私の経営方針に注目していることをひしひしと感じた。私は日頃からの思いを話した。

まず時代の変化についてである。第一に北海道経済が開発援助を受ける時代から「自立経済の時代」へと変わったと述べた。第二に銀行業が護送船団の時代から生存競争の時代に変わったと語った。時代は元に戻ることはなく、新しい時代に入ったのだと強調した。

私は続けて、新しい時代環境の中で、経営の方向は、道民に最高の金融サービスを提供すること、北海道経済の再構築を支援することにあると述べた。そして、あくまでも「地域の銀行として地域とともに育っていく考えであり、地域外に活躍の場を求めることはしない」と宣言した。最後に「後ろ向きの苦労は終わり、前向きの苦労が始まる。しかし、やりがいのある、張りのある時代に入る」と締めくくった。

北洋・札銀両行の経営統合

話は私が頭取に就任する以前へとさかのぼる。

一九九九年の春から夏にかけて、金融業界は混乱していた。当局は地方銀行についても再編成を推進する方針を明らかにしていた。どことどこがどう組むか、という議論が広がっていた。一九九九年八月六日、日銀の米田道生札幌支店長が札銀の潮田隆会長からの提携打診をつないできた。北洋としては異論はなく、ただちに突っ込んだ意見交換を行った。そして九月六日、まず業務提携の方針を公表した。

これに続いて吉野次郎頭取と私の間で、一歩進めて経営統合のための話し合いに入った。選択肢として合併と持株会社方式があった。合併の場合、入り口は大変だが、その後の効率化は早い。他方、持株会社は入り口は楽だが、そこから進める効率化の速度は遅い。当時、北洋は拓銀を吸収する過程であり、札銀との合併作業を上乗せする余裕はなかった。他方、札銀は「当面経営上の問題はないが、五～一〇年先を考えて提携するのだ」という立場であった。

こういう事情があったので双方が合意し、持株会社方式を採用した。両行の営業区域は完全に重複しているが、機能分化を進めればよいと考えた。二〇〇〇年二月九日、北海道新聞が業務提携をスクープした。その報道を受け、持株会社方式による経営統合の方針を公表した。

この後、両行間で細目を詰めた。持株会社の名前は「札幌北洋ホールディングス」とし、翌〇一年四月二日に設立する。資本金は五百五十八億円。すべてすんなりと決まった。北洋・札銀両行の株式をどのように評価するかという問題は、両行株主の利害に直接影響するので大問題だった。当時、株式市場における株価は北洋六百円、札幌三百円ぐらいの水準にあったが、大和ＳＢＣＭという大和証券系投資銀行の意見も聞いた上で両行で協議し、一対〇・五と確定した。この結果、時価総額ではほぼ千八百億円対二百億円という比率になった。

持株会社の人事については、会長が武井、社長・高向、副社長・吉野と決めた。持株会社の事務局は削りに削って二十名、できるだけスモールガバメントとし、両行の自由な業務運営を阻害しないように配慮した。事務局員には「実質三行の寄り合い所帯になるからケンカにならないよう、よろしく頼む」と因果を含めた。

北洋、札銀両行で親会社を共同設立するという仕組みは、法律上可能であっても、実務上は違和感があった。親が子供を産むのが自然で、子供が親を産むのは不自然だと痛感した。銀行法上、親である持株会社は子銀行の経営管理を行うとされているが、実際にそれをどう実現していくか。法律事務所に聞くと、親子間で経営管理契約を締結せよとのことであった。つまり子会社の経営の基本的な部分については、随時、親会社の承認を求める、あるいは親会社の指導に従う、そして、子会社は親会社に対して配当とは別に経営指導料を支払う、というのである。

札幌北洋グループの経営方針、幹部人事は親会社が決定し、日常の銀行業務は北洋・札

2000年9月8日、持株会社の概要を発表する吉野札銀頭取と私。

銀の両行が責任を持つことになった。会社四季報には親会社が登場するが、銀行協会の会合には両行が出席することになった。

持株会社の設立前に、簡単な経営計画を策定した。期間三年の中期計画とし、まず銀行の健全性を確保するための自己資本比率は10％を目指す、次にその自己資本を提供してくれる株主に対しては自己資本利益率（ROE）7〜8％を約束することを決めた。この結果、総資産利益率（ROA）は0・7〜0・8％を確保する必要があり、これを前提に業務の構築をすることとした。

私は親会社の社長と子会社北洋の頭取を兼ねたが、兄弟銀行である札銀の吉野頭取には

札幌北洋ホールディングスの東証一部上場記念の鐘を叩く私。(2001 年 4 月 2 日)

「札幌銀行が黒字でいる限り口出しはしませんよ」と冗談を言う関係であった。

二〇〇〇年十二月十四日、両行がそれぞれ臨時株主総会を開催し、持株会社方式による経営統合を決定した。〇一年四月二日に北洋と札銀は株式会社札幌北洋ホールディングスを設立し、経営を統合した。道内最大の金融グループとしての地盤を固めたわけである。

この後、私と事務局の菊地豊彦常務はすぐ上京して東京証券取引所を訪問し、新会社としての上場許可証を受け取り、記念の鐘叩きをさせてもらった。

店舗の統廃合

二〇〇〇年五月、北洋と拓銀のコンピューター・システムの統合が終了した。次に北洋と旧拓銀の店舗統廃合作業に取りかかった。

全道各地で北洋の支店と旧拓銀の支店が近接して並んでいる。これを統合すれば効率が上がることははっきりしていた。事前調査で約七十店の候補があがった。これを四年程度で統合することとした。経営企画部に企画第二課を新設し石井純二課長が指揮をとった。二〇〇〇年十月に栗山支店で統合したのを手始めに、この年に五店、〇一年に二十店、〇二年に二十二店、〇三年に二十四店を次々と統合していった。

店舗統合は大変な作業であった。

まず二店のうちどちらを残し、どちらを閉めるかである。基本的には規模の大きい方を残すが、土地建物が自行所有の方を残す、建物が新しい方を残すという考え方もあった。統合作業は残す店舗の整頓をして受け入れスペースを作る、閉める店舗側の書類整理・箱詰めを進めるという力仕事があった。

本部から若手行員の特命チーム（ＰＴ）を送り込み、支店職員と一緒に作業にあたった。

次に廃止店のお客様に取引店変更、年金払込店変更などの手続きをお願いする。両支店の職員の間で親睦会を開いて気合を揃えるという仕事もあった。悲喜こもごもであったが、この過程でＰＴの男性職員と支店の女性職員が結婚するといううれしい話も二組あった。

なお、〇四年十月からは逆に空白地区に新店舗を次々と開設した。登別、沼ノ端、七重浜から始めて、私の頭取在任中に八カ所を開いた。優秀な支店長を送り込み、地元から歓迎され、すぐ実績を上げてくれた。


旧拓銀本店ビルについては、大通支店という名前で営業していたが、土地建物は整理回収銀行送りにしてあった。それは一九九八年一月の段階で武井頭取が「(拓銀の象徴である)バベルの塔は引き取らない」と対外的に言明したからであった。二〇〇一年、整理回収機構がこのビルの入札による売却の計画を発表したとき、私はこれを道外資本や外国資本に渡してはならないと考えた。また、道庁や経済界からも北洋による買い取りを希望する声が強かった。そこで武井頭取の了解をとって、〇一年九月、これを百二十億円で落札した。

落札に至るまでには苦労があった。道外にこの土地に対して関心を持つ企業が少なからずいた。しかし私は「この土地は道民の祖先が拓銀の土地という形で子孫に残してくれた

2010年5月、拓銀跡地にオープンした北洋大通センター（商業施設は「大通ビッセ」）。

財産だ」という思いが強かった。そして「土地というものはその場所に意味があり、一度手離したら二度と取り返せない」と考えていた。「だから何としても確保したい」と心に決めた。

中井千尋副頭取が知恵を絞った。この千四百坪の土地に高層ビルを新築し、北洋だけでなく、北海道庁の一部門や北海道商工会議所連合会、道内有力企業に入居してもらうことにした。そしてこのプランを大々的に宣伝した。この構想は「オール北海道」のプロジェクトとして新聞に大きく載った。

次に応札価格については専門業者の意見を聞いた。周辺土地の売買価格実績や収益還元方式による試算で適正価格は百億円と示された。しかし落札したいのなら百十億円、絶対落札したいのなら百二十億円というご托宣《たくせん》だった。八月三十一日、入札会場の整理回収機構に中尾進経営管理部長を送った。ほかの応札予定者が来るか見張っていたが、よく分からないという報告が来た。中井副頭取と私は絶対安全な百二十億円でいこうと決断して中尾部長に指示した。

結果的にはほかの企業は「オール北海道」に敬意を示したのか、どこも来なかったという。私は「少々高い買いものをしたが、これから本業の業務で利益をあげていけばよい」とその日の日記に書いた。

そのほか、〇二年四月、北洋東京支店を神田鎌倉橋から丸の内の東京海上新館ビル六階に移転させた。新北洋が東京でどういう業務活動を行うか検討しての結果であった。まず、北洋は地銀に徹することにした。東京では個人取引はしない、法人取引も北海道企業の出先と北海道に出先を持つ東京企業に絞ることとした。また、資金証券業務と国際業務についてもできるだけ札幌に集中し、やむを得ないものを東京に残すことにした。

さらに、札銀も東京から完全に撤退し、残務整理を北洋東京支店の中で行うこととした。以上のように業務を整理すると、東京支店は、下町のストリートレベルではなく、金融中心街の空中店舗でよいということになった。手を尽くして移転先を探した結果、東京海上新館ビルが候補として上がってきた。インテリジェントビルではないため、床が持ち上がっている分天井が低いように感じた。しかし、窓の外には皇居前広場が見えた。すばらしい景観にほれ込んでここに決めた。

拓銀破綻の原因

拓銀はなぜ破綻したのか。

その破綻後に、与信調査委員会が取りまとめた一九九八年九月の報告書にこういう指摘がある。

「本件調査を通じて、組織を隆盛に導くのも指導者、組織を衰退させるのも指導者という当然の事理に改めて思いを致すこととなった」

与信調査委は、経営判断のミスとして「地場産業育成、インキュベーター路線を旗印と

拓銀の経営成績 (単位　億円)

	頭　取	総資産	株主資本	当期利益
1985/3	鈴木 茂	78,807	1199	97
1986/3	〃	82,775	1355	110
1987/3	〃	90,347	1450	137
1988/3	〃	95,162	1906	158
1989/3	〃	105,798	2352	187
1990/3	山内 宏	117,529	3200	167
1991/3	〃	113,848	3317	175
1992/3	〃	111,194	3412	158
1993/3	〃	109,735	3428	78
1994/3	〃	109,909	3404	41
1995/3	河谷 禎昌	105,977	3410	52
1996/3	〃	103,614	2649	△714
1997/3	〃	95,239	2976	61

する営業推進に偏した判断」や「不用意な行動、あるいは融資先に対する毅然とした態度の不足」を指摘している。これらの具体的事例を聞き知っている者としては、やはりそうだったのかと思った。

私個人としては、この報告書を読んで粛然とし、襟を正す思いであった。拓銀の営業を引き継いだ北洋のトップとして「前車の轍《てつ》を踏む」ことがあってはならないと肝に銘じた。

なお、拓銀の元役員の経営責任については、元頭取三名を含む十三名に対して、次の五件の融資に関連して合計百一億円の損害賠償命令が出ている。そのほかに、山内宏、河谷禎昌の両元頭取に対してはソフィアグループへの融資に関連して特別背任の実刑判決が出ている。

①カブトデコム（札幌）＝財務基盤脆弱なカブトグループに保全不十分なまま融資
②エスコリース（札幌）＝不良貸付を行っているノンバンクに保全不十分なまま融資
③栄木不動産（東京）＝内規に反する過振り決済資金の融資および仕手戦資金の融資
④ミヤシタ（帯広）＝小豆、乾繭の相場操縦資金を担保不十分なまま融資
⑤ソフィアグループ（札幌）＝改善困難な不採算事業に保全不十分なまま融資

不良債権処理から事業再生へ

振り返ってみると、一九九八年に銀行行政は大きく転換した。まず自己査定制度である。銀行は貸出資産等について回収不能や損失発生の危険性を自ら判定し、それに基づいて適切な償却・引当を行う。そしてその上で自己資本比率を算定公表する。そういうルールに

なった。次に早期経営是正措置である。金融庁は各銀行が自己資本比率規制を遵守しているかどうかを監視し、指導を行う。そういう仕切りになった。ちなみに規制は、原則８％（ＢＩＳ基準という）、ただし国内業務のみ行う銀行は４％（国内基準という）となっていた。

このような行政の転換に対応して、広く銀行の業務は、融資先の経営改善を重視する方向へ変わっていった。北洋は、もともとの融資先の経営不振に加えて拓銀から買い取った経営不振先の企業も数多く抱えていた。経営環境が悪化していく中で、それらの企業の業績がさらに悪化していくのを何とか食いとめようと必死になった。しかし、経営不振先に追い貸しをして付き合うというやり方はやめた。経営改善、合併、営業譲渡、整理などへ誘導するように仕事の仕方を変えていった。

二〇〇〇年の民事再生法の施行、〇一年の私的整理に関するガイドライン、〇三年から設置された中小企業再生支援協議会も大きな支援効果があった。こうしてそれまで「不良債権処理」と称していたものは「事業再生」に切り替わっていった。

整理回収機構の第三代社長を務めた奥野善彦弁護士は、再生の意義について、のちにこう言っている。

「企業や個人の再生はやりがいのある仕事だ。債務者のモチベーションと誇りを高め、しかもそこで働く従業員の雇用を維持し、社会の活性化に資するなど、社会的貢献は多大だ」（福島民友新聞　平成二四年四月二十五日号）。

まさにそのとおりであった。

不況下の銀行経営

銀行経営は二〇〇一年から〇三年にかけて非常に苦しかった。日本経済の名目成長率がマイナスになり、株価はＩＴバブル崩壊でまたまた大暴落した。不良債権が再び積み上がった。

〇一年四月、森内閣から小泉内閣に変わった。第二地銀協の例会に出席した金融庁の森昭治長官の話は「破綻懸念以下の不良債権を二年以内に処理せよ」だった。

これは容易ならざることであった。個々の不良債権について融資先と話しながら処理を進めることの困難さのほかに、その結果として発生する償却・債権放棄の費用負担に銀行

臨時営業店長会議で危機を訴える私。(2001 年 10 月)

の決算が耐えられるかという問題があったからである。

八月、北洋本店営業部はまなす会の会合の席で、私は「赤字企業は黒字化して欲しい。債務超過企業には再生を支援する」と説明した。私は企業が事業のスクラップアンドビルドで早く再生して欲しいと願っていた。もちろん、先送りにした方が楽だが、そうするとさらに傷が深くなるからである。

しかし、そうこうしている間にも対応を必要とする不良債権案件が次々と出てきた。ある企業は経営状況が悪化し、毎月、追加融資を求めてきた。銀行側としては同業他社に吸収合併してもらうことを考え、あちこち声をかけたがうまくいかず、民事再生法申請となった。別の企業は追加の融資を求めてきたが、銀行団の足並みが揃わず破綻処理することにした。

九月、中間期末を前に株安が進んだ。景気の悪化をひしひしと感じる。取引先の決算状況や債務者区分変化でそのことがよく分かる。北洋の決算も苦しくなってきた。

十月の臨時営業店長会議で私は「新生北洋銀行は初めての危機に直面している」と訴えた。本業のもうけを示すコア業務純益を不良債権の引当償却の負担が上回り、赤字寸前になっている。「恐慌の入り口にいる、何としても生き残るのだ」と熱く話した。

不良債権があとからあとから出てくる。懸命に受け皿探しをした。ともに経営の一翼を担ってきた木澤信雄専務が九月に亡くなった。拓銀からの営業継承の実務を担当した斉藤雄生関連事業部長が十一月に亡くなった。戦友を失っても前に進まなければならなかった。

二〇〇二年度はさらに苦しい年であった。バブル崩壊の累積効果で全国の銀行の不良債権残高はピークに達した。株価も底の見えない下降局面にあった。

北洋も、不良債権の引当償却負担が増えた。このため、本業の利益をもっと増やさなければならないという状況にあった。私は「金融危機の中で優勝劣敗が進むが、当行は勝ち

「ほっくーと仲間たち」の総合口座通帳

組に残ろう」と役職員に呼びかけた。

明るい話題もあった。この年、四月に新しい北洋のマスコットキャラクターが「ほっくーと仲間たち」に決まった。北洋カラーの青を使ったクマと六匹の動物が並んでいる可愛い図柄である。バンブー・ハノイという若い男女のデザイナーの作品だという。

星野尚夫業務企画部長の配下の若手が非常に熱心に取り組んでくれた。正直に言うと私にはその方面の判断能力がないので、彼等の感性を信じ提案をそのまま採用した。のちにほっくーの着ぐるみも登場し、この選択は大成功だと評価されるに至った。

もうひとつ、雪印食品早来工場の生き残り支援も前向きな取り組みだった。業務推進部滝川幹業務推進役の探し出したエア・ウォーターが受け皿となることで話がまとまった。北海道新聞の一面に、磯田憲一副知事、豊田昌洋エア・

ウォーター副会長、細川武雄北洋常務の三人が笑顔で記者会見する写真が載った。

七月、クレジットカード会員獲得運動を始めた。本業の融資が伸び悩む。その対策となる収益源として考えついたものである。十万件の目標を行内全員に割り振った。頭取の私にも七件の目標が来た。友人・知人に頭を下げて十七件を獲得したので大威張りできた。

十月に入って金融担当大臣が竹中平蔵氏に替わった。竹中路線は不良債権処理による経済再生であるが、いわば外科的治療。当面の不況を深刻化させることが必至であった。銀行の優勝劣敗と信用不安の拡大が予想された。道内景況は建設の受注減、流通の中抜き進行で、危機的状況となった。

十月三十日、金融庁から「金融再生プログラム」が発表された。主要行に対して不良債権比率を二年後までに現状の半分程度に低下させることを求めるものであった。行政として、資産査定の厳格化、自己資本の充実、ガバナンスの強化を銀行に対して指導するという。私は、これでは金融恐慌になるのではないかと危惧した。

しかし、自分の身は自分で守るしかない。守りの経営を考えた。まず、行内リストラ、コスト削減を一段と進めた。そして、経営体力を強化するために第二回目の増資を考えた。地元に第三者割当増資の支援を求めると、予想以上に応募があった。売出価格は前回と同じ四百五十円でお願いしたところ、十二月に百二億円の払い込みを受けた。年度末の自己資本比率が9％以上になってホッとした。

事業再生の仕事は、青山敏彦常務の指導の下、融資第一部の島田俊平以下、融資部門のベテランが必死に取り組んだ。年明け一月の営業店長会議では、「債務者区分遷移表」を支店長たちに見せて刺激した。主要行に要求されている不良債権半減目標に合わせて、当行も頑張るという気持ちであった。

船井財産コンサルタンツ『こうすれば企業再生は必ずできる』（実業之日本社、二〇〇二年）という本を支店長全員に配布した。

再生がらみの仕事が増え、数多くの企業が俎上《そじょう》に上がってきた。不採算部分は捨て、採算部分を残す。そして銀行は債権放棄をし、株主と経営者は責任を取るという、困難な作業であった。

日本全体が破局に向かっているように見えた。札幌北洋グループの経営状況も最悪であった。〇二年度（〇三年三月期）の決算は上期も通期も一応黒字で発表することができたが、実は発表していない下期だけとれば赤字であった。私は血圧が上がった。風邪をこじらせ、頭痛に苦しんだ。

〇三年度に入っても処理を要する不良債権は高水準で推移した。大口の案件のひとつとして繁華街すすきのの飲食店ビルがあった。テナントの入居保証金を巡って苦労した。第三セクターの住宅供給公社もあった。馬杉栄一弁護士の奔走で、北海道庁、銀行、住宅金融公庫などの利害を調整する「特定調停手続」が成立した。

七月、北洋の再生事業に批判が出始めた。北洋が引き金を引いて多数の倒産を起こしているとの指摘である。雑誌や新聞が「北洋支援も限界」「ドミノ倒産、メインの限界」と書いた。民事再生法による処理に入ると、そうした印象を与えると気付いた。

私たちは一生懸命説明をした。いまの民事再生入りは、かつての「資金繰り倒産」のように銀行が追加融資を止めて発生しているのではない。事業再生に主眼があり、銀行はむしろ債権放棄して支援をすると言っているのだと強調した。なかなか分かってもらえないもどかしさがあった。

事業再生ではないが、その後の取引先企業の支援として思い出に残るものをひとつ記録しておきたい。

二〇〇五年十二月、中道リースは兄弟会社である中道機械の経営不振の余波を受けて信用不安に見舞われた。東京のメインバンクから、リスクに見合うよう貸出金利を引き上げるとか、同業他社と資本提携してはどうか、と示唆された。その話を聞いた私は中道リースが本州の企業に主導権を奪われてしまうのではないかと心配した。

すぐ関寛社長に電話をした。北洋が資本増強に協力するから、道内企業として存続して欲しいと訴えた。反応は素早かった。よろしくとのことであった。具体的に話を進めてみると必要な金額はかなり大きいと分かった。銀行は出資上限規制があるので、これでは足りない。そこで幸いしたのは親会社の札幌北洋ホールディングスならば一般会社なので多く出せる。〇六年三月、結局、普通株、優先株合わせて三十億円を出資した。地元銀行が全面的にバックアップすることを示すことにより、メインバンクの金利もこれまでどおりとなり、中道リースの信用問題は一気に解決した。この支援は中道リース自身が公刊されている本の中で紹介しているので、私もあえて書いた次第である。

貸し拡げ、コスト半減、ロス半減

二〇〇三年度に入って景気は少し先が見えるようになった。

新年度に入る直前に金融庁から「リレーションシップバンキングの機能強化に関するアクションプログラム」が発表された。これは地域金融機関に対して「中小企業金融の改善と銀行自身の経営力強化」を要求するものであった。これを受けて、〇三年五月、私は支店長会議で「不況でも黒字を維持できる体質」を作るため、「貸し拡げ、コスト半減、ロス半減」の戦略をとると宣言した。

「貸し拡げ」とはこれまで取引のなかった企業にも融資を拡大していくことである。この頃、銀行は世間から「貸し渋り」批判を受けていたが、「北洋の姿勢は違うのだ」と声を上げたわけだ。

私たちは長い間資金不足の時代の中にあったが、時代は変わり、資金余剰時代になった。財務内容のよい企業はもはや借り入れに来なくなる。財務内容の比較的劣る企業を対象にリスクのある融資を積極的に進めていかざるを得ない。

まず、リスクがどの程度あるか、「目利き」能力が要求される。そしてリスクをよく計算

ひと話題

北洋銀行　高向巌・頭取

北洋銀行が1998年に拓銀の営業譲渡を受けてから、6年目になります。道内トップバンクになりましたが、両行の重複支店の統廃合による通帳の切り替えや取引店舗の変更などで、お客さまには多大な迷惑をかけてきました。

■失敗恐れず「貸し広げ」

しかし、今年11月には支店の統廃合のめどがつき、拓銀から引き継いだ不良債権もほぼ処理しました。ようやく後ろ向きな仕事を終えることになります。

既に5月から、個人・法人向けインターネットバンキングや、無担保・無保証人の中小企業と個人事業者向けのビジネスローンの取り扱いを始めており、前向きな仕事をする下地はできています。

特に、赤字でも債務超過がなければ融資するビジネスローンは好評で、多くの新規顧客の開拓につながりました。リスクを伴うため金利はやや高めですが、頑張っている企業を応援する商品なので、失敗を恐れず、「貸し広げ」を指示しています。

これまで、地銀、信金、信組は取引先が異なるなど、すみ分けてきましたが、これは金融機関の論理にすぎません。お客は一番条件のいい金融機関を選びたいわけで、多くの選択肢を求めています。長引く不況下で、安全な取引先だけを相手にしていたら、収益を上げられません。銀行も意識改革に迫られています。

もっとも、変化する時代にこそ、ビジネスチャンスはあります。北洋銀は新たな「挑戦」の第一歩を踏み出します。

2003年10月22日　北海道新聞朝刊

した上で、それに見合ったリターン（金利）を頂くことになる。

さらに、計算されたリスクをとる場合には、一融資先あたりのロットを大きくしてはいけない。大口融資をやめて小口分散にすればリスクが軽減されるからである。そのため、これからは協調融資、シンジケートローン、ローンパーティシペーション、証券化、その他いろいろな手法で分散を図る必要性が強まってくる。

「コスト半減」とは、迅速な行動で営業経費を圧縮し、収益が減少しても耐え得る体質を作ることである。私自身が書店で探した吉岡憲章『勝ち抜くための経費削減』（朝日新聞社、二〇〇二年）という本を経営管理部と総務部に渡して、不退転の気持ちで突進するように指示した。

役員率先垂範の形を示すため、役員食堂を廃止した。営業店のBGM廃止、新聞購読の中止、ボーナス期景品の廃止、業務用乗用車の削減、カレンダー・手帳の製作中止などなど、すべてやってみようと号令をかけた。諸会費、寄付金の全面的見直しにも手を付けた。これは非常に困難な作業であった。行内外から反発が強かった。対顧客営業上マイナスだという指摘もあり、途中で一部手直しをした。


「ロス半減」とは、貸出金の引当・償却を半分にすることを意味するが、これは結果であって、現実の経営戦略としては、
①不良債権を作らないこと
②不良債権を正常債権に戻すこと（企業活性化）
③破綻処理すべきものを先送りせず処理すること（事業再生）
この三つの施策が実現すべき目標であった。

まず、不良債権を作らないという点では、これまで個別案件の審査方法についてのマニュ

アルはあった。また大口与信先一覧、延滞状況、倒産状況などを取りまとめての点検もしていたが、これは事後の話であった。私は事前的な融資方針を明示することが、大口不良債権の発生、大口引当・償却の発生を防止する上で重要だと感じていた。そこで同一利害先の与信上限を、正常先が百億円、要管理先が五十億円とし、それを超えるものは役員レベルの融資委員会に付議させるというクレジットポリシーを制定した。

ＩＲと時価発行増資

経営環境は二〇〇四年度に入りかなり改善していた。景気は道内は引き続き「停滞感が強い」であったが、全国的には「回復」に転じた。特に、株価が前年四月の大底から大きく戻したことが空気を明るくしていた。北洋の店舗統廃合の作業は終わり、不良債権処理も山を越した。

〇四年二月、米国へＩＲのため出張した。持株会社の菊地常務ほかが同行した。ニューヨークとボストンの機関投資家を訪問し、新生札幌北洋グループの経営戦略を説明した。ＩＲは「インベスター・リレーションズ」の略で、機関投資家向け広報の意味である。ま

2005年8月、ニューヨークでの機関投資家への訪問。右から2番目が私。

た「ロードショウ」という言葉も使ったが、これは巡回興行、すなわち各地訪問という意味である。目的はわが社の株式を買って下さい、というところにあった。

資料を準備する段階でいろいろ苦心した。まず北海道を知ってもらうため、地図を用意して、米国ニューイングランド地方の一州に相当する面積と人口を有するニューフロンティアであると自己紹介した。また、札幌北洋グループは最近M&Aによって四倍に成長した新しい地域銀行である、こう解説すると相手はとたんに興味を示した。

わがグループに対する評価は総じて好意的であった。利益計画も十分達成可能であり、株価も割安であると判断し、業容拡大に意欲的であることを高く評価してくれた。しかし頭取としての私の報酬が低く、ストックオプションもない状況で、何が働きがいなのかと聞かれたときは苦笑してしまった。

〇五年八月、第二回目の米国IRに出掛けた。ローリング中期計画の中で、純利益は足許の百八十億円から三年後の〇八年三月には三百三十億円になる見込みであると示した。経営戦略が積極的だという評価を得た。

ニューヨークに来て約四十年前の昔を思い出した。フルブライト留学生としてニューヨークのコロンビア大学に学んだ、あの頃は必死だったなと振り返った。ニューヨークのマンハッタン島の南端にあるバッテリーパークでハマナスの花が咲いているのを発見した。北洋のシンボルの花ではないか。私は少しばかり感傷的になった。

〇五年二月、札幌北洋ホールディングスは二百四十三億円の大型増資を行った。これはひとつの大きな賭けであったが、結果としては大成功であった。自己資本比率が上昇して信用度を高めただけでなく、その後、市場で株価が着実に上昇して時価総額が大きく膨らんだ。その鍵はわがグループの積極経営の姿勢であった。

増資発表後、売り出しまでの間に、東京の機関投資家への個別訪問を実施した。相手は一律に自己資本利益率（ROE）10%、つまり、いま七十万円で新株を購入して、毎期一株あたり純利益（EPS）七万円を産み出せるのか、言いかえれば三千億円の自己資本に対して三百億円の利益を出せるのかと突いてきた。当方としては貸し拡げに加えてM&Aを考えていると匂わせて回答とした。「珍しく積極的な銀行だ」と評価してくれた人と、「北海道の夢みたいな話には出資できない」と反応した人がいた。ただし発行済株数が増加して流動性が高まれば売買高も増え、株価は上昇するだろうという考えは広く支持された。

IRと増資を行ってみて、内外の機関投資家が日本の経営者に一様にいらだちを感じているということを痛感した。それを私なりに整理すると次のようなことになる。
①日本の経営者は会社を自分のものであると考えており、会社は株主のものであるという意識が弱い。したがって株主総会をシャンシャン総会で終わらせるし、株主からの口出しも嫌っている。

②日本の経営者は内部留保を経営の努力で積み上げた成果であり、どう使おうと自分の勝手と考えているようだ。余分な資本を新規事業に活用しないのならば、増配なり自社株買いという形で株主に返して欲しい。

③内部留保は無コスト資金だという経営者がいる。株主資本は株主から預かっている資金であり、運用によってそれなりの見返りを支払うべきものだと正しく理解している人が少ない。

④株価はマーケットが決めるものと言い切って平然としている経営者が多い。経営者は株価に責任を感ずるべきだ。例えばＰＢＲ（株価純資産倍率）が一以下だとすれば、これは割安株であるが、裏を返せば、現在の経営者が企業の潜在力を十分発揮させることができていないという意味でもある。

金融政策と有価証券投資

日銀は誘導金利を一九九八年九月に０・５％から０・25％に引き下げたのに続いて、九九年二月には「０・15％以下を目指す」ことに踏み切った。実質ゼロ金利状態になった。資金の値段がゼロ円というのは異常な状況であり、これがどういう副作用をもたらすのか不安であった。

日銀は二〇〇〇年八月、景気情勢が好転したと判断し、誘導金利を0・25%に引き上げた。このとき政府側から議決延期請求が出たが否決するというひと幕があった。にもかかわらず気まずいことに、そのあとＩＴバブルの崩壊で景気が再び悪化したため、〇一年二月にまた引き下げた。

同年三月、日銀は金融政策の操作目標を誘導金利から日銀当座預金残高に変更する旨決定した。金融調節の目標を、金利から量へ変更したわけだ。そしてこの残高目標を同年三月の五兆円程度から〇五年五月の三十〜三十五兆円まで漸次、拡大していった。

この量的緩和政策の意味するものも当初よく分からなかった。日銀としての期待は余剰資金を抱えた銀行が貸出を増やす方向へ動くことを期待していたのであろう。しかし、経済の実態は「馬を水辺に連れて行っても水を飲まない」状況であった。金融政策は財政政策ほど直接的な景気刺激効果を発揮できないのであった。

私の頭取在任の前半はデフレ低金利時代であった。私たちは収益よりもリスクを心配し

金融市況ボードの前で議論する柳沼正直資金証券部長（右）と私。

た。低利の預金、低利の国債というフラットなイールドカーブ（金利構造）の下で利ざやは取りにくかったが、あえて株式に向かわず、日銀超過準備（いわゆるブタ積み）として資金を遊ばせることとした。利益もとらないが損失も避けるポジションであった。これは正しい選択であった。二〇〇〇年四月から〇三年四月にかけて株式が「半値八掛け二割引」の大暴落となったからである。バブル崩壊のときの値下がりと同規模の下げであった。

私の頭取在任の後半に入ると、先行き金利上昇、株価上昇という兆候が見えてきた。ブタ積み資金を恐る恐る株式投資やオルタナティブ投資（REIT、ヘッジファンド、ABSなど）に回した。

国債の金利リスクも怖いが、株式などの市場リスクはもっと怖かった。例えば長期金利が1％上昇しても国債は平均残存期間五年とすれば5％の値下がりで済む。他方、株式は30％、50％と大幅に値下がりする恐れがある。外貨資産は海外での値下がりリスクに為替リスクが上乗せされるわけで、もっと怖い。

グループとしての有価証券運用は二兆円、これを実現損益、含み評価損益含めていくらで回せるか。多くは要求しなかった。担当部門には、分散投資せよ、そして一勝二敗でよい、全敗するなと言い続けた。

かつて武井頭取は「悲観的に準備し、楽観的に行動する」ことを信条とし、それをほかの人たちにも推奨していた。私はといえば、実はもっと臆病だった。公言こそしていないが、心の内でいつも「最悪の事態を避ける」ことを考えていた。「想定外のことが起こるかもしれない」といつも心配していた。

頭取としての思い

銀行経営のトップは結果責任を負わなければならない。

私は前任者から総資産五兆三千億円の北洋銀行を引き継ぎ、総資産七兆三千億円の札幌北洋ホールディングスを後任者に引き継いだ。この間に時価総額が千五百三十五億円から五千三百八億円になった。

「金融財政事情」誌二〇〇五年五月三十日号が「北洋銀行」を特集してくれた中で、ゴールドマン・サックス証券の石田富士アナリストが「資本の論理を熟知した高感度の経営」と評してくれた。

私は在任中、経営成績を上げることとは別に、自分らしい実績を残したいと思ったことが二つあった。ひとつは女性支店長の実現であった。

私の強引な頼みにもかかわらず、中澤義則人事部長が意気に感じて頑張ってくれた。候補者を選び、二年間研修と見習いをさせて、二〇〇三年四月、大麻出張所長本田洋子と山の手出張所長佐藤展を誕生させた。準支店長である。この二年後に彼女たちは旭ヶ丘支店長、平岡公園支店長になった。銀行というところはいったん路線が敷かれると毎年同じよ

北洋・札幌北洋グループの経営成績　(単位　億円)

	経　営	総資産	株主資本	当期利益
1997/3	北洋銀行	18,150	624	20
1998/3	〃	21,538	633	15
1999/3	〃	53,918	1603	28
2000/3	〃	53,586	1649	61
2000/9 (中間決算)	〃	54,491	1765	37
2002/3	札幌北洋グループ	66,514	2098	76
2003/3	〃	66,622	2240	21
2004/3	〃	67,561	2469	94
2005/3	〃	69,927	3016	185
2006/3	〃	73,739	3598	289

うに事が進むので私はこれでひと安心した。彼女たちは苦労が多かったに違いないが、あとに続く後輩のために道を開いた功績は大きかった。このほか〇六年四月には社内保育園を開設した。私は高らかに宣言した。若手女性職員を寿退職で送り出す時代ではないと。

もうひとつの願いは中国への進出であった。まず一九九九年四月、庄司正一国際部長とともに旧知の中国銀行東京支店長李玉華氏を訪問し、コルレス契約締結を申し入れ、九月に契約に至った。続いて事務所の開設について日中関係専門家の意見を聞いた。北海道の銀行であれば、大連から東北全体をカバーする、また上海で激しい競争を実体験するというやり方がよいと示唆してくれた。旧東京銀行出身の佐藤幹常務が大車輪で働いてくれた。結局二〇〇五年三月になったが、大連に駐在員事務所を開設することができ、続いて同年六月に上海駐在員事務所を開設した。

私は二〇〇〇年六月から〇六年六月まで北洋の頭取を務めた。その間いつも念頭にあった言葉がある。

「前車の覆るは後車の戒めなり」（漢書）

拓銀が都市銀行であったのに対して、北洋はあくまでも地方銀行に徹すると決めた。「お神輿《みこし》経営」ではなく「トップダウン経営」にしようと努力した。そして、経営不振の地元企業に対しては問題を先送りせず、事業再生の手法で支援することとした。

波乱の時代を通り抜け、〇六年六月、信頼する日銀ＯＢの横内龍三氏に頭取のバトンを渡したときは本当にホッとした。

おわりに

私は去る二〇一七年三月、北洋銀行相談役を退き、日銀時代を合わせて五十五年にわたる金融マンの生活にピリオドを打った。そのキャリアの途中で北洋銀行副頭取として遭遇したのが、拓銀破綻であった。幸いにして大蔵省、日銀、預金保険機構の指導の下に、関係者全員が努力して営業譲渡作業を成功させ、さらに札幌銀行との経営統合も実現し、北海道経済の危機を終息させることができた。

私は、あの大変な時代をともに生き、一緒に苦労した仲間のことを思いながら、素人の非力も顧みず拙い文章を精一杯書き綴った。回顧録の性格上、私の主観と北洋銀行の立場が前面に出てしまったが、その点はお許し頂きたいと思う。

執筆にあたっては、私自身の日誌をベースにしたが、あわせてかつての同僚にもヒアリングをして記憶を確かめた。しかし、事実関係の間違いや思い違いが残っていると思う。その責任はすべて私にあり、もしご迷惑をかける向きがあれば伏してお詫び申し上げたい。

今回この本を世に出すにあたり、これまで長い間ご指導ご支援いただいた、武井正直、髙橋隆司、中井千尋、星野尚夫、吉野次郎の諸氏をはじめ、大勢の関係者の皆さんにお礼を申し上げたい。また北洋銀行現役の横内龍三、石井純二、柴田龍の三氏にも謝意を表したい。

なお、原稿のワープロ作業では、田森直美、赤渕麻美、佐藤紅、木田愛里、山名楓の皆さんの手を煩わせた。また出版にあたっては、北海道新聞社出版センターの熊谷純二、横山百香両氏のお世話になった。あわせてお礼を言いたい。

最後に、長い間苦労をかけた妻の暁子にも「ありがとう」と言いたいと思う。

二〇一七年十一月

拓銀と北洋銀行に関連する主な出来事

西暦	拓銀	北洋	そのほかの出来事
1900年（明33）4月	北海道拓殖銀行法により北海道拓殖銀行（拓銀）が開業		
1917年（大6）8月		北洋銀行、北海道無尽株式会社として設立	
1918年（大7）1月		小樽無尽株式会社に商号変更	
1941年（昭16）12月			太平洋戦争始まる
1944年（昭19）2月		商号を北洋無尽株式会社とする	
1945年（昭20）4月		本店移転（小樽から札幌へ）	
1945年（昭20）8月			終戦
1950年（昭25）4月	拓銀が普通銀行に転換		
1951年（昭26）10月		株式会社北洋相互銀行に商号変更	
1955年（昭30）11月	拓銀が都市銀行に転換		
1972年（昭47）2月			冬季オリンピック札幌大会開催
1977年（昭52）8月			有珠山噴火
1982年（昭57）6月		社長に武井正直（1989年頭取）	
1983年（昭58）4月	鈴木茂頭取就任		
1985年（昭60）9月			プラザ合意
1986年（昭61）			公定歩合、1年で4回引き下げ（1、3、4、11月）

1987年（昭62）	2月		ルーブル合意。公定歩合2・5％に引き下げ
	4月		国鉄が分割、民営化
	10月		NY株価大暴落（ブラックマンデー）
1988年（昭63）	3月		青函トンネル開業
	4月	札幌テルメ開業	
	12月		日経平均株価、初の3万円台に
1989年（昭64・平元）	1月		昭和天皇、崩御
	2月	普通銀行転換に伴い、商号を株式会社北洋銀行に変更	
	4月	山内宏氏、頭取就任。河谷氏は常務、海道弘司氏が常務本店長に	消費税導入。税率3％
	5月		公定歩合3・25％に引き上げ
	10月		公定歩合3・75％に引き上げ
	12月		公定歩合4・25％に引き上げ 日経平均株価が史上最高値3万8915円
1990年（平2）	3月		日経平均株価が急落3万円割れ 大蔵省が土地関連融資の総量規制導入 公定歩合5・25％に上げ
	5月	3月期決算発表。経常利益、過去最高の448億円	
	8月		公定歩合6％に引き上げ
	9月	インキュベーター路線を柱とする「21世紀ビジョン」公表	

年月	拓銀・カブトデコム関連	社会・経済
10月		日経平均株価2万円割れ
	不動産融資の戦略拠点「総合開発部」設置	
1991年（平3）6月		証券大手4社で大口投資家に損失補塡発覚
		公定歩合、1年に3回引き下げ（7、11、12月）
12月		大蔵省、土地関連融資の総量規制解除
1992年（平4）3月		国土庁が公示地価の17年ぶり下落を発表
6月	河谷氏、専務就任。海道氏は常務退任	
7～10月	拓銀がカブトデコムを調査。経営不振の実態が明らかに	
10月		大手21行の不良債権12兆3千億円と発表
1993年（平5）4月	テルメインターナショナルホテル開業	
5月		釜石信金が破綻
6月	河谷氏、副頭取に。エイペックスリゾート洞爺開業	
7月		北海道南西沖地震
11月	カブトデコムへの支援打ち切り	
1994年（平6）2月		大手銀行21行の不良債権が13兆円超に
3月	総合開発部を廃止	
6月	河谷禎昌氏、頭取に昇格	
10月		預金金利の完全自由化
12月		東京協和、安全の2信組が破綻

1995年(平7)1月	決算承認銀行に指定	阪神・淡路大震災
2月		米NYダウが史上初の4千ドル台
4月		公定歩合1%に。1ドル80円割れ
5月	87億円の経常赤字決算	
7月		東京のコスモ信組が破綻
8月		兵庫銀行、木津信組が破綻
9月		大和銀行NY支店で1100億円損失発覚
12月		住専処理で公的資金6850億円投入決定
1996年(平8)3月		太平洋銀行が破綻
4月		東京三菱銀行（現・三菱東京UFJ銀行）開業
5月	714億円の当期赤字決算、大規模リストラ表明	不良債権処理のため大手銀行が一斉に赤字決算
6月		ペイオフ（預金全額保護）凍結
9月		大蔵省の金融検査・監督部門分離決定
11月		「日本版金融ビッグバン」発表
		阪和銀行が破綻
1997年(平9)1月	東証で拓銀の株価が200円割れ	

2月		米NYダウが7千ドル台突入
3月		野村證券による総会屋への利益供与発覚
4月	拓銀と道銀が合併協議入りを発表	消費税5％に引き上げ。日産生命が破綻
6月		総会屋への利益供与事件で第一勧銀役員ら逮捕
7月		アジア通貨危機
9月	拓銀と道銀が合併の半年延期を発表	
10月		香港株価急落、世界へ波及
11月	経営破綻（北洋への譲渡発表）＝17日	三洋証券が破綻 山一証券が自主廃業。徳陽シティ銀行が破綻 財政構造改革法が成立
12月	有力取引先の天塩川木材工業が破産	丸井今井が創業家出身の今井春雄社長を解任 97年度の企業倒産が過去最悪に
1998年(平10)3月	テルメ関連3社破産、エイペックス関連3社破産	大手21行に公的資金1兆8千億円注入

5月	最後の決算発表。約1兆1700億円の債務超過
6月	金融監督庁発足
	最後の株主総会。北洋、中央信託銀行（当時）への営業譲渡を特別決議
9月	拓銀与信調査委員会が調査報告書をまとめる
	日本リースが戦後最大の負債2兆円で倒産
10月	日経平均株価が1万3000円割れ
	金融再生関連法が成立
	日本長期信用銀行が破綻、一時国有化
	与信調査委員会が拓銀元役員を刑事告発
11月	政府が24兆円規模の緊急経済対策決定
	拓銀営業最終日＝13日
	北洋と中央信託銀行へ営業譲渡＝16日
	拓銀の北海道内の営業を譲受
12月	日本債券信用銀行破綻、一時国有化
1999年（平11）1月	三井信託銀行と中央信託銀行が合併合意
3月	大手銀行15行に7兆円超の公的資金注入
	日銀が実質ゼロ金利の超金融緩和策決定
	特別背任容疑で旧拓銀の山内宏、河谷禎昌両元頭取らを逮捕（起訴へ）
4月	国民銀行が破綻
5月	幸福銀行が破綻

	6月	東邦生命、東京相和銀行が破綻
	7月	拓銀特別背任事件の初公判
	8月	第一勧銀、富士銀、興銀の3行が事業統合を発表。世界最大の金融グループ誕生へ
	9月	札幌銀行と包括的業務提携で合意
	12月	ペイオフ凍結解除を1年延期
2000年(平12)	3月	有珠山噴火
	4月	民事再生法施行
	5月	拓銀との統合システム稼動開始
	6月	頭取に高向巖
	7月	金融庁発足
2001年(平13)	3月	日銀、量的緩和策導入
	4月	札銀と経営統合し、札幌北洋ホールディングス設立
	5月	エスコリース自己破産
	9月	旧拓銀本店を落札
2002年(平14)	4月	ペイオフ一部解禁
	6月	ザ・ウィンザーホテル洞爺(旧エイペックスリゾート洞爺)が開業
	7月	ガトー・キングダム・サッポロ(旧テルメ・リゾート)が開業
	10月	金融再生プログラム発表
2003年(平15)	2月	拓銀特別背任事件で札幌地裁が山内、河谷両元頭取らに無罪判決

	4月		産業再生機構発足
			日経平均株価最安値7607円
	6月		りそな銀行に公的資金2兆円投入し一時国有化。足利銀行が一時国有化
2004年(平16)	9月		北海道銀行と北陸銀行が統合。ほくほくフィナンシャルグループ誕生
2005年(平17)	4月		ペイオフ全面解禁
	5月		北海道新幹線札幌延伸着工
	10月		郵政民営化法案成立
2006年(平18)	3月		日銀、量的緩和策解除
	6月	頭取に横内龍三	
	7月		日銀がゼロ金利政策解除
2007年(平19)	1月		公示地価16年ぶりに上昇
		札銀と08年10月の合併を発表	
2008年(平20)	1月	旧拓銀経営責任追及訴訟の上告審判決。元役員13人に対する計101億4千万円の賠償命令が確定し、民事上の責任追及が終了	
	7月	ザ・ウィンザーホテル洞爺が、主要国首脳会議(サミット)主会場に	
	9月		リーマン・ショック
	10月	札銀と合併	
	12月		改正金融機能強化法施行

2009年（平21）	3月	公的資金1千億円注入申請
	11月	特別背任事件で最高裁が上告棄却。山内、河谷両氏の実刑が確定
2010年（平22）	5月	拓銀本店跡地に北洋大通センター開業
	10月	ゼロ金利政策復活
2011年（平23）	3月	東日本大震災、福島第1原発事故
2012年（平24）	4月	頭取に石井純二
	10月	札幌北洋ホールディングスと合併
2013年（平25）	4月	日銀が異次元緩和導入
2014年（平26）	3月	公的資金を完済
	4月	消費税8％に引き上げ
2016年（平28）	2月	日銀、マイナス金利導入
	3月	北海道新幹線開業
2017年（平29）	8月	創立100周年
	11月	日経平均株価、バブル崩壊後最高値一時突破、終値最高値2万2666円（25年10カ月ぶり水準）

用語解説

＊五十音順

イールドカーブ

国債など流通債券の利回りを縦軸に、償還までの残り期間を横軸にしてグラフ化したときに描かれる曲線のこと。短期の金利よりも長期の金利が高いことを示す「右上がり」のイールドカーブの下では、銀行は期間の短い預金で資金を集め、期間の長い国債で運用すれば、その金利差によって利益（利ざや）を稼げるが、国債も低利となって金利差がなくなり、イールドカーブが「フラット」になると、利益を上げにくくなる。

インベストメントバンカー

投資銀行業務に従事する人。投資銀行業務とは、M＆Aや不動産の証券化、有価証券取引などの業務。

オルタナティブ投資

株式や債券など伝統的な資産とは異なる、新しいタイプの資産に対する投資。投資家から募ったお金を不動産に投資する「不動産投資信託」（REIT）や、複数の金融商品を組み合わせてリスクを分散させることで、高い利益を得ようとする「ヘッジファンド」、貸付債権など複数の資産を組み合わせて証券化した「資産担保証券」（ABS）などに対する投資のことをいう。

貸倒引当金

融資先の倒産や経営不振などで将来的に貸し倒れが発生し、損失になるかもしれない金額をあらかじめ想定して積み立てておく費用。貸借対照表（バランスシート）では、資産の部のマイナス勘定となるため、純資産を毀損することになる。

株価純資産倍率（PBR）

その時々の株価が、「一株当たり純資産」の何倍になるかを示す指標。その株価が割高か、割安かを計る材料となる。「PBR」は「プライス・ブックバリュー・レシオ」の頭文字。一株当たり純資産は、「純資産÷発行済み株式数」の数式で求める。

勘定の締め上げ

銀行の窓口終了後、その日のすべての勘定を集計すること。お金の当日中の「入り」や「払い」、「振替」などすべての帳尻が合っているかを確認する作業。

協調融資

複数の金融機関が協調融資団を組み、企業に資金を融資すること。契約書は金融機関ごとに個別に作成され、貸付条件もそれぞれ異なる。金融機関にとっては貸し倒れのリスクを分散させることができる。

クレジットポリシー

融資する際の基本的な姿勢を定めた方針。

決算承認銀行

大蔵省が金融検査の結果、不良債権額が多いなど経営状態が悪い銀行を「決算承認銀行」に指定した。指定された銀行は、経営改善計画の提出が求められるほか、利益処分や配当、重要人事についても大蔵省の承認を得なくてはならない。拓銀は一九九四年十二月に決算承認銀行に指定された。九六年九月に制度廃止。

減損会計

企業が保有する土地や工場、店舗など固定資産の価値が、地価の下落や経営不振により目減りして、帳簿上の価格（簿価）を大きく下回った場合、その差額を当期の損失として決算に計上すること。二〇〇六年三月期から企業に対して適用が義務化された。

高利取り入れ

コール市場（「コールマネー」の項参照）で信用の低い「受け手」の金融機関が苦し紛れに、あえて高い金利を「出し手」に提示して資金調達を図ること。

コールマネー

金融機関同士が短期の資金を融通し合う「コール市場」で流通するお金。コール市場は資金の「出し手」と「受け手」双方の信用に基づいて運営され、貸し倒れは絶対に起きないと信じられてきた。一九九七年十一月三日の三洋証券破綻をきっかけに、起きないはずの貸し倒れが起きたことで、資金の出し手を中心に急激な疑心暗鬼と信用収縮が広がり、市場はパニック状態に陥った。

コマーシャルペーパー

一定の信用力をもつ企業が短期資金の調達を目的として、割引方式（金利分を額面から差し引いて販売する方式）で発行する無担保の約束手形。一九八七年に発行が解禁され、バブル期には金融機関からの融資に頼らない資金調達の手法として、転換社債（↓Ｐ１６３）とともに盛んに発行された。

コルレス契約

日本の銀行が海外の銀行と結ぶ為替取引の契約。

自己資本利益率（ＲＯＥ）

「当期純利益÷自己資本×１００」の数式で求める。企業が、株主に拠出してもらった自己資本（株主資本）をもとに、どれだけの利益を生み出すことができたのかを示す指標となる。それが高ければ高いほど、その企業は株主の資金を効率的に活用していることになる。「ＲＯＥ」は「リターン・オン・エクイティ」の頭文字。

実現損益

持っている有価証券などを実際に売ったり、決済したりした時に確定した損益。売却額と、取得時の「簿価」との差額。「確定損益」ともいわれる。

主幹事証券会社

企業が社債や株式など有価証券の売り出しや募集を行う際、有価証券を引き受ける複数の幹事証券会社の中でも特に主導的な役割を果たす会社。

準備預金（制度）

民間金融機関が、預金の一定割合を日銀の当座預金に預け入れる制度。金融不安などにより金融機関の支払いが困難になる場合に備えておくもの。毎月十五日が積み立ての最終日で、その日までに決められた額を達成しなければならない。

シンジケートローン

複数の金融機関が融資団（シンジケート）を組み、すべての参加金融機関が同一の契約書に基づき、同一の貸付条件の下で企業に資金を融資すること。

ストックオプション

企業が、役員や従業員らに対し、あらかじめ決められた価格で自社株式を購入できる権利を与えること。業績が向上して株価が上がれば、多額の報酬を得られることから、ストックオプションを与えられた役員、従業員のインセンティブを高める効果がある。

ストックとフロー

ストック（蓄積）とは、株、土地、住宅などの資産。フロー（流れ）とは、消費者物価指数や卸売物価指数などで示されるモノやサービス。バブル期の日本はストック価格（株価や地価など）が急激に値上がりする一方、フローの価格（物価）は比較的落ち着いていた。この乖離が当時、日銀による金融引き締めの遅れという判断の誤りにつながったとされる。

スモールガバメント

一般的には「小さな政府」。経済に対する政府の関与、規制ができるだけ少ない統治体制のこと。北洋銀行と札幌銀行の経営統合でできた持株会社では、その持株会社による統制をできるだけ小さくして、両行の業務の自主自立性を尊重することを目指した。

善管注意義務

「善良な管理者の注意義務」の略。業務に従事する当事者の専門性や能力、社会的地位などを考慮して、通常の範囲内で期待される注意義務のこと。この注意義務を怠り、悪い結果を招いた場合は、不法行為責任を問われることがある。

総資産利益率（ＲＯＡ）

「当期純利益÷総資産（自己資本＋負債）×１００」の数式で求める。企業が、すべての資産を使って、どれだけの利益を生み出すことができたのかを示す指標。「ＲＯＡ」は「リターン・オン・アセット」の頭文字。

底値は半値八掛け二割引

高値をつけた相場が値下がりする局面で、どこまで価格が下がって底を打つか、その目安を示した格言。天井が百円として、そこから値が下がり始め、半値の五十円でも、その八掛け(80％)の四十円でも下げ止まらなかった場合、さらにその二割引（マイナス20％）の三十二円（天井と比べると三割程度）が大底の目途となることを示したもの。

第三者割当増資

会社が、取引先や業務提携の相手先など特定の第三者に対して、新たに発行する株を引き受けてもらう形で行う増資。経営基盤を強化したり、外部の株買い占めに対抗したりする手段として用いられる。

デフォルト

債務不履行。借金が支払い不能になること。

デュー・デリジェンス（デューデリ）

投資やM&A（合併と買収）などの際、対象企業や設備、不動産などの資産を詳細に査定すること。直訳すると「当然の努力」。日本国内では、一九九〇年代後半に拓銀の経営破綻などで金融危機が高まったあと、企業の倒産や事業再生、業界再編などのケースが急増し、広く行われるようになった。

転換社債

発行後、一定期間を経て、株式に転換できる権利が付いた社債。バブル期においては、株価が右肩上がりだったため株式へと転換されやすく、発行元の企業は社債発行の結果として残る負債を削減できるメリットがあった。

店頭公開

株式公開の手法のひとつ。株式を証券取引所で取引できるようにする「上場」に対し、「店頭公開」は、証券会社の店頭（店頭市場）で取引できるようにする手続き。審査・承認の基準が、上場よりも緩やかだったため、中小の新興企業の登竜門としての役割を果たした。

日銀超過準備（ブタ積み）

準備預金（→P160）は、金融機関の預金量などから算定される法定額を積み立てるよう義務づけられているが、その法定額よりも多いお金を準備預金に預けることを「超過準備」という。無利子の預金を無駄に預けていることを、花札で価値のないことを示す「ブタ」に例えている。

日銀特融

日銀が金融システムの信用維持を目的として、資金不足に陥った金融機関に対して実施する無担保、無制限の特別融資。

引当率

貸出残高に対する貸倒引当金（↓P157）の比率。金融機関は、融資先の倒産確率や経営上のリスク、貸し倒れの可能性を分析し、貸出残高のどのくらいの割合で貸倒引当金を計上するか決める。融資先が破綻または実質破綻の状態ならば、引当率は100％、経営が完全に正常な先であれば0％となる。

ビジネスセンチメント

景況感、企業マインド。

普銀転換

庶民金融を担った「相互銀行」が次第に業容を拡大し、業界団体である全国相互銀行協会が一九八四年五月、当時の大蔵省に普通銀行への一斉転換を要望。これに基づき一九八九年、全国に六十九行あった相互銀行の多くが普通銀行となった。

含み評価損益

有価証券の保有中のある時点での「時価」と、取得時の「簿価」とを比べた差額。時価が簿価を上回れば「含み益」となり、下回れば「含み損」となる。

マネーサプライ

通貨供給量。市場に流通しているお金の量。景気が良いときは、企業が設備投資をしたり、個人の消費が旺盛になるため、金融機関からお金が借りられる。これによりマネーサプライが増える。ただ、増え過ぎると、景気の過熱（バブル化）に警戒が必要となる。一方、景気が悪くなるとマネーサプライは縮小する。

誘導金利

かつて金融機関の金利が規制されていた時代は、公定歩合（日銀が金融機関に貸し付ける際の基準金利）に金融機関の貸出金利が連動していたため、日銀は公定歩合を調整することで金融の引き締めや緩和を図ることができた。金利が自由化されて以降、日銀は金融機関が参加する短期資金市場に出回るお金を増やしたり、逆に減らしたりする「オペレーション」（公開市場操作）によって、市場金利を誘導することで金融調節を図るようになった。この誘導の際の目標となる金利を「誘導金利」という。

ユーフォリア

バブル景気の際に根拠なく蔓延する、「必ず儲かる」「損をするはずがない」といった集団的な楽観論、過剰な投機熱。イタリア語で「多幸感」を意味する。

預金保険機構

一九七一年に制定された預金保険法にもとづき、政府、日銀、民間金融機関の共同出資で創設された特別法人。預金者保護のため、金融機関が預金保険料を拠出し、倒産などで預金などが払い戻しできなくなった場合に備える。機構は保険金の支払いのほか、不良債権の買い取りも行う。

リーガルチェック

書類や手続きが関連法令に照らして妥当か、違法性やリスクがないか、などを確認すること。

ルーブル合意

プラザ合意から一年五カ月後の一九八七年二月、パリのルーブル宮殿で開かれた先進七カ国（G7）蔵相・中央銀行総裁会議でなされた合意。プラザ合意で進んだ急激なドル安を受け、各国の政策協調によりこれを是正する方向で一致した。日本は大型の景気対策や金融緩和を行ったが、各国の足並みはそろわず、ドル安は一層進行。八七年十月の世界同時株安（ブラックマンデー）を経て、日本は金融引き締めのタイミングを逃し、バブル経済の膨張につながった。

劣後債

一般の社債と比べて、元本や利息の支払い順位が低い社債。つまり発行元の企業が破綻した場合、劣後債の保有者は、一般の債権者に対する支払いがすべて終わった後、残ったお金の中からしか支払いを受けられない。そのリスクの分だけ金利は高い。金融機関が発行する劣後債は、株式に近い性質を持っていることから、自己資本として一部計上できる。そのため金融機関が自己資本増強策として活用することも多い。

劣後ローン

返済順位がほかの貸出債権よりも低い、無担保の貸し出し（ローン）のこと。借り手が破綻した場合は、元本や利息の返済が後回しとなる。貸し手にとって回収できないリスクが高いため、金利は通常のローンよりも高い。借り手から見ると、株式に近い性質があるため、自己資本として一部を計上することができる。

ローリング中期計画

企業が業務の中期計画を策定する際、その間のビジネス環境の変化などを考慮して、毎年、計画や目標などに改定を加えていくことを織り込んだ業務計画の手法。

ローンパーティシペーション

金融機関が、融資先に対する貸付債権を他者に売却したいが、融資先からその承諾を得るのが難しいなどの場合、債権そのものを売却するのではなく、その債権のもつ元本の価値、利益、リスクの部分だけを他者に売却する方式。

割引現在価値（ＤＣＦ）

企業や事業、資産などの買収・投資にあたって、その価額を決める際、取得者が保有期間中に得られる利益や、将来の売却価格の想定をあらかじめ織り込んで、現在の価値を逆算する会計手法。拓銀のII分類資産を北洋が買い取る際には、この手法を採用するよう北洋側が当局に要請した。II分類債権は、当初の貸付条件どおりに元本や利益を回収できない可能性が高い。そのため、すでに現在の正味の価値は目減りしているという前提に立って簿価より低い時価で買い取りたいと主張した。当時は前例がほとんどなかったが、大蔵省や預金保険機構（↓Ｐ１６５）の理解を得て採用された。

＊ページ順

Ｐ８
四方に使いして君命を辱めず
自分の行いを反省し(志をたてて、責任を果たし)、使者として他国に行ったときに主君の名誉を傷つけることなく立派に振る舞うこと。(論語)

Ｐ32
脚下照顧、現状否認
つねに自分自身の足元をよく見て、現状を改めよという意味。「脚下照顧」は禅の教えからきた言葉。

Ｐ１４５
前車の覆るは後車の戒めなり
先を進む車がひっくり返るのを見たら、後ろから行く人は用心できるという意味。昔の人の失敗は今の人の戒めになることのたとえ。(漢書)

参考

新明解四字熟語辞典　第二版　(三省堂編修所編　三省堂)
故事ことわざ辞典　(三省堂編修所編　三省堂)
成語林　故事ことわざ慣用句　旺文社

参考文献

Peter S. Rose『Commercial Bank Management』(McGraw-Hill Irwin　一九九六年)
石水創『「白い恋人」奇跡の復活物語』(宝島社　二〇一七年)
一瀬粂吉『新装　銀行業務改善隻語』(近代セールス社　一九九八年)
軽部謙介『検証　バブル失政——エリートたちはなぜ誤ったのか』(岩波書店　二〇一五年)
國重惇史『住友銀行秘史』(講談社　二〇一六年)
札幌銀行企画部年史編纂室『札幌銀行50年史』(札幌銀行　二〇〇二年)
札幌商工会議所『札幌商工会議所110年史』(非売品　二〇一六年)
札幌北洋ホールディングス『札幌北洋ホールディングス10年史』(部内資料　二〇一一年)
島本融『銀行生誕』(北海道銀行　復刻版　二〇〇六年)
澄田智『忘れがたき日々七十五年』(金融財政事情研究会　一九九二年)
高向巌『北海道経済の針路——新幹線と起業』(北海道新聞社　二〇〇八年)
西野智彦『検証　経済暗雲——なぜ先送りするのか』(岩波書店　二〇〇三年)
西野智彦『検証　経済迷走——なぜ危機が続くのか』(岩波書店　二〇〇一年)
西村吉正『金融行政の敗因』(文春新書　一九九九年)
似鳥昭雄『ニトリ成功の5原則』(朝日新聞出版　二〇一六年)
日経コンピュータ『システム障害はなぜ起きたか——みずほの教訓』(日経BP社　二〇〇二年)
日本経済新聞社『エア・ドゥ　夢はなぜ破れたか』(日本経済新聞社　二〇〇二年)
日本経済新聞社『検証バブル犯意なき過ち』(日本経済新聞社　二〇〇〇年)
北海道21世紀総合研究所『バカな大将、敵より怖い——武井正直講演録』(北海道新聞社　二〇一三年)

北海道銀行『北海道銀行60年史』（北海道銀行　二〇一一年）
北海道新聞社『検証　拓銀破たん10年』（北海道新聞社　二〇〇八年）
北海道新聞社『拓銀はなぜ消滅したか』（北海道新聞社　一九九九年）
北海道新聞社『トップの決断――北の経営者たち』（北海道新聞社　二〇一二年）
北海道新聞取材班『解明・拓銀を潰した「戦犯」』（講談社文庫　二〇〇〇年）
北海道新聞取材班『実録・老舗百貨店凋落』（講談社文庫　二〇〇六年）
北海道拓殖銀行『TAKUGIN REPORT 1997』（北海道拓殖銀行　一九九七年）
北海道拓殖銀行『有価証券報告書、平成9年3月』（大蔵省印刷局　一九九七年）
マーヴィン・キング『錬金術の終わり――貨幣、銀行、世界経済の未来』（日本経済新聞出版社　二〇一七年）
毎日新聞北海道報道部『破綻――北海道が凍てついた日々』（毎日新聞社　一九九八年）
湯本雅士『金融政策入門』（岩波新書　二〇一三年）
預金保険機構『平成金融危機への対応――預金保険はいかに機能したか』（金融財政事情研究会　二〇〇七年）

高向　巌　たかむき　いわお

1938年東京都生まれ。62年東京外国語大学中国科を卒業後、日本銀行に入行。67年米コロンビア大学経済学科修士課程修了。その後、IMF出向、北京大使館出向、日本銀行香港事務所長などを経て、87年同札幌支店長、㈱インベスターズサービス常務取締役、日本銀行情報サービス局長を歴任。93年北洋銀行に入行し副頭取に。2000年頭取就任、06年会長、12～17年相談役。04年からは札幌商工会議所会頭、北海道商工会議所連合会会頭を務め、16年から名誉会頭。
著書に『北海道経済の針路　新幹線と起業』（北海道新聞社2008年）。

北洋銀行旧本店ビル（1976～2011年）

カバー写真　　岡本和行

カバー・本扉デザイン　　佐々木正男（佐々木デザイン事務所）

本文デザイン・DTP　　株式会社アイワード

協　力　　北海道新聞編集局経済部

＊「拓銀と北洋銀行に関連する主な出来事」（P 148）、用語解説（P 157）は北海道新聞社作成

ある金融《きんゆう》マンの回顧《かいこ》　拓銀破綻《たくぎんはたん》と営業譲渡《えいぎょうじょうと》

発行日　2017年12月20日　初版第1刷発行
　　　　2018年 2 月16日　初版第2刷発行

著　者　高向　巖

発行者　鶴井　亨

発行所　北海道新聞社
　　　　〒060-8711　札幌市中央区大通西3丁目6
　　　　出版センター　（編集）TEL 011-210-5742
　　　　　　　　　　　（営業）TEL 011-210-5744

印刷・製本　株式会社アイワード

落丁・乱丁本は出版センター（営業）にご連絡下さい。お取り替えいたします。

ISBN 978-4-89453-889-4